● **学术顾问：**
白谦诚　吴　郁　吴洪林　毕一鸣　俞　虹

● **学术委员名单**（按姓名首字母为序）：
卜晨光　北京语言大学
陈　虹　华东师范大学
成越洋　陕西师范大学
杜晓红　浙江传媒学院
高国庆　湖州师范学院
高贵武　中国人民大学
高祥荣　上海师范大学
巩晓亮　华东师范大学
姜　燕　山东师范大学
金重建　宁波财经学院
李洪岩　中国传媒大学
李亚虹　河北大学
李亚铭　陕西科技大学
林小榆　暨南大学
刘兴宇　浙江传媒学院
刘秀梅　华东师范大学
罗　幸　厦门大学
马玉坤　中国传媒大学
邱　蔚　浙江传媒学院
时统宇　中国社会科学院新闻与传播研究所
孙　璐　浙江传媒学院
王海燕　山东青年政治学院
王　丽　华中师范大学
王　婷　深圳大学
王宇红　中国传媒大学
魏　伟　北京外国语大学
杨小锋　四川师范大学
薛文婷　北京体育大学
叶昌前　深圳大学
曾志华　中国传媒大学
赵娅军　山西传媒学院
张毓强　中国传媒大学
周东华　西北大学
朱晓彧　陕西师范大学

■ 2022年陕西省社会科学基金"延安精神与高质量发展研究"专项项目"延安精神塑造的解放区人民广播播音优良传统研究（1940—1949）"（项目编号：2022YA18）成果
■ 2022年西安市百名优秀青年文艺人才项目成果

J 传媒集刊 | 2023 总第7辑

高贵武 ◎ 总主编

Research on Host Communication in China

中国主持传播研究

成越洋 ◎ 主　编

中国传媒大学出版社

·北京·

主编简介

成越洋：博士，陕西师范大学新闻与传播学院副教授，硕士生导师，播音与主持艺术系主任，人际传播研究中心主任，中国主持传播论坛学术委员。陕西省广播电视协会播音主持委员会常委，西安市百名优秀青年文艺人才，参与国家社科基金项目1项，主持省部级科研项目6项。著有《播音与主持艺术专业学科定位与学科建构新论》《人际沟通学概论》《陕西电视艺术史》等。研究方向为言语传播、播音主持基础理论。

目 录

专题策划 | 回望·传承：大变革中的主持传播

在实践中认识新媒体　　　　　　　　　　　　　　　　　任志宏 / 3
谋定而后动
　　——语言传播的理念分析　　　　　　　　　　　　　李洪岩 / 6
历史学视野下的传播问题与传播学　　　　　　　　　　　姜　萌 / 10
媒介·传播·美　　　　　　　　　　　　　　　　　　　徐　辉 / 14
数字虚拟人交互设计与实践　　　　　　　　　　　　　　侯文军 / 16
进化中的异化：AI合成主播的言说之困　　　　　　　　　高贵武 / 20
关于新学科语境下播音与主持艺术专业建设方略的思考　　马　欣 / 25
守正创新：精品节目生产与融合传播　　　　　　　　　　付银安 / 28
具有西部特色的播音与主持艺术专业建设　　　　　　　　朱晓彧 / 32

播音主持史论与教学研究

基于空间认知的高校艺术类专业混合式教学实践及人才培养路径
　　——以播音主持艺术专业为例　　　　　　　　　　　王　婷 / 39
播音主持专业培养"中之人"的路径探索　　　　　　吴　胜　王　慧 / 47
一流本科课程"演讲与口才"建设的教学重构探索　　　　余海龙 / 56

主持传播前沿话题

AI合成语音的声音景观建构方式与影响 　　　　　　　　　　　　张泽宇　/ 67

逻辑、修辞与人文：论主持传播视域下主持人口语
　表达中的戏剧性 　　　　　　　　　　　　　　　宋存杰　于特浩　/ 76

技术变革　特色培养　实践转向：播音与主持艺术人才
　培养研究（2001—2022）的计量学分析 　　　　　　　　张伶聪　/ 89

青年论坛

虚拟主播构建竞争优势的组合类型研究
　——基于B站50个虚拟主播案例的QCA分析 　　　　　倪虹悦　/ 105

从技术吸引到体验疏离：一项基于用户与AI合成主播交往行为的
　探索性研究 　　　　　　　　　　　　　　　　　　　张梦琦　/ 118

"身体—主体"：智媒时代主持传播中身体的缺失与回归 　　齐佳一　/ 139

作为"虚拟有机体"的AI合成主播：具身认知下的主持传播研究　王郝爽　/ 150

会议综述

媒介技术大变革下的担当、创新与传承
　——第六届中国主持传播论坛（2022）会议综述 　　成越洋　刘汶萱　/ 167

专题策划丨回望·传承：大变革中的主持传播

在实践中认识新媒体

◎ 任志宏*

一、化被动为主动

互联网时代彻底改变了大众的生活。尽管我已经在传统媒体的各个岗位工作了四十年有余,对于新媒体的兴起,最初充满陌生感,反应也略显迟钝,而这种陌生与迟钝正是源于在过去的几十年中所养成的惯性思维,认为新媒体是玩闹游戏。2016年前后,随着新媒体的逐步发展,中央广播电视总台各个节目中心均先后成立了新媒体部门,但就传统的电视节目制作与播出而言,节目部门与新媒体机构融合的机会仍十分有限。时至2018年,我在参与某些节目录制时,看到身边总有一些年轻人用手机跟拍我们的台前幕后,对此,当时的我持躲避态度。2020年年初,新冠肺炎疫情在武汉暴发,八方驰援战疫情,众志成城克时难,全国各地为武汉加油的声音此起彼伏。在居家办公和读书之余,我将"加油"一词的出处和武汉的历史渊源串联后以短视频的形式发布在抖音平台,没想到引起全国网友的关注与喜爱。不久,应武汉电视台之邀,将该视频授权,供武汉电视台播出。我没想到仅仅是一条有感而发的短视频会在网络上引起热烈反响,我的信心因此而增强,对新媒体的实践由被动化为主动,媒体人的使命感由此而生。紧接着,我还参与主持了由央视频等新媒体合作举办的4个多小时的"紫禁城建城600周年"直播活动,在直播过程中,多部移动摄像机和固定摄像机同步跟随我和嘉宾,游走于紫禁城内的大小殿宇楼阁间,展现了这座世界文化遗产的历史,这是我从未有过的体验和尝试。后来,我还参与了央视频"三星堆遗址发掘"5个多小时的直播。此后我便在新媒体,如抖音、快手、央视频等平台中发挥自己的爱好和专长,延续过去2015年主持《国宝档案》的文脉和经验,坚持以历史文化为定位,以穿越历史感受人文、分享智慧为宗旨,讲述历史小故事,借鉴新媒体"短平快"的技术优势,传播弘扬历史文明。疫情使我与新媒体结缘,化被动为主动,由以往的单位合作转到个体的自媒体实践。

现在我们常常将新媒体挂在嘴边,那么什么是新媒体?我理解的新媒体就是:

---

* 任志宏,中央广播电视总台著名节目主持人、播音指导。

所有人对所有人的传播。对每一位公民而言，都拥有自主发布信息的权利，机会是平等且没有门槛的。在发布信息的过程中，每个人既是"台长"，又是主播，从选题筛选确定，到出镜剪辑后期，完全依靠自主完成，实现了从规定动作转型为自选动作，但不容疏忽的是，自选动作并不意味着随意放任，它更强调自觉与自律，这也是传统媒体人具有的天然优势。在传统媒体中已经有一定影响力的主持人，在新媒体中也就成了天然的自媒体人。但我们必须面对那些更广大、名不见经传的新生的主播在新媒体平台中的出色表现和力量，他们正以其澎湃之势，与传统媒体或者说官方媒体的主持人进行赛跑比拼，可谓挑战与较量无处不在。

二、内容是新媒体的灵魂

互联网时代唯一不变的就是变化，而支持变化的唯一路径便是内容，内容就是生产力。我体会到在全民新媒体时代的主播没有专业与非专业的门槛限制。对于传播效果而言，最核心的要素永远是内容。伴随新技术不断更迭，新媒体不断生成，无论新媒体如何变化，其须臾不可或缺的最关键要素依旧是内容，内容是新媒体的灵魂。从众多引人注目的流量大咖的数据中可以看出，他们的声音、气质、相貌等因素已经排在了第二位，排在第一位的显然是内容。以内容赢得先机，这是不争的事实。新媒体所提供的新技术，同时也引发了整个传媒业态的极大改观。

三、标准化的考量讨论

从官方媒体的"我们"到自媒体的"我"的转变是当前专业教学需要思考的问题。"我"是自媒体主播个性化的表现，这个"我"仅代表的是个体思想感受、立场观点、人文情怀；而"我们"则恰恰与其相反，同时在口头表达方式方面也与其有所不同。"我们"站位于官方立场，常见的是采用书面语的格式化表达，不同于自媒体的主播完全采用日常生活中的表达方式。主播以个人的身份出现，意味着个性化在传播中占有突出的位置。在视听媒体中有一个现象引起了我的关注——在流量与影响力方面，专业主播不敌非专业主播。如有声传播的主播紫襟，他便是非专业主播，非专业主播的普通话或许不够标准、不够字正腔圆，但其受众广泛，有群众缘。对此，我也曾走访了一些年轻的朋友，他们大多不喜欢那种吐字归音规范、一板一眼的主播，问起为什么，答案是："距离感过于强烈，太高高在上，不够贴近生活。我们只关注主播说了什么内容，至于其普通话的好坏并没有那么重要。"

该现象的背后是对专业主播和专业教学提出的挑战，说明播与说的问题至今依然存在。我不是播音科班出身，但在广播电视播音主持的一线工作中实践了四十多年，对传统播音教学体系仅有粗浅的认识，我认为语音表达要规范没有问题，问题在于缺乏口头语言的个性化表达。业余主播之所以能够赢得先机，恰恰在于他们"会说而不会播"，这就需要引起我们高度的警觉。教学的目的是指导年轻一代走向社会、迈入实践平台，成为其实战的依据。在实践中，如果丧失个性表达能力和可塑性，在一成不变的传统教学模式中，按部就班、循规蹈矩、重播音轻说话，那么说明当前的教学依然存在着某些滞后于时代的短板。因而，播音教学要培养学生不能总是高高在上，不识人间烟火，不能只知吃饭，而不知谷物何来。为此，我觉得值得我们思考。

四、采编播合一时代的到来

在抖音、快手、云听等新媒体平台，千姿百态、各领风骚的主播如雨后春笋般不断涌现，这无疑是新技术的功劳。采编播合一这一概念早已有之，在以往传统媒体当中，主播要想集采编播于一身几乎是不可能的，如今自媒体的出现，为主播提供了可能。面对自媒体，采编播合一不仅是可能，而且是必须能，不能也得能，否则就会被边缘化。今天看来，采编播合一是新媒体主播技能选拔和培养所应当具备的关键。在我看来，要以采编播合一作为实验教学方向，将其规划在新媒体主播实践课程之中，这不失为当下融合新媒体、提高主播实战能力较为有效的办法。面对新媒体主播的当下和未来，实践是第一要务，实践出真知。

（整理｜陕西师范大学新闻与传播学院 李思涵）

谋定而后动
——语言传播的理念分析

◎ 李洪岩[*]

引言：解题

各位老师、同学上午好，今天我所汇报的题目是"谋定而后动——语言传播的理念分析"。播音主持是实践性很强的专业、职业，也是很多朋友特别是年轻朋友喜欢的事业，但在实践之前，更要有理念，如同在建造大厦之前，需要先有施工图。

我先对发言题目进行解读，我们习惯于把播音主持纳入语言传播活动的范畴之中，如高贵武老师提出的概念"主持传播"，这其实和播音主持也是非常贴近的。播音主持本身是一个非常具体的职业、岗位，但从范畴的角度来讲，播音主持是被纳入语言传播的大范畴之中的。此外，从人民广播历史来看，播音主持无论是从延安窑洞走出来时的行业性质，还是从1963年大学的新闻系设立播音专业的专业性质，或是1978年开始的研究生教育。这在当时都是以语言学及应用语言学专业起步所开始的研究生教育，在此之后的学科发展历经了学科门类的变化、一级学科与二级学科的变化以及方向的变化，但始终仍与语言传播是紧密相连的。

如表1所示，播音主持的发展历经了文学门类的语言学及应用语言学（1978年）、广播电视语言艺术（2006年）（后改名为广播电视语言传播）的变迁，伴随新媒体的发展，专业外延逐步扩大，专业也相应地改名为语言传播，后来艺术学升为门类，播音主持被纳入戏剧与影视学，并定名为播音主持艺术学（2011年）。如今，学科专业经过多年论证而持续演进，令大家开始聚焦语言传播交叉学科，虽然再度回归语言传播的说法，但与之前新闻传播学之下的二级学科广播电视语言传播以及2014年更名后的语言传播的内涵与外延又不完全一样。此时的语言传播应涵盖语言传播与计算机、大数据、语音合成、语音识别、人工智能、元宇宙等学科知识领域，多学科综合交叉发展。这也是本次论坛主题所谈到的"大变局"。

---

[*] 李洪岩，中国传媒大学播音主持艺术学院党委书记、教授、博士生导师。

表1 播音主持的门类、学科、方向的发展变迁

门类	一级学科	二级学科	方向	时间
文学	中国语言文学	语言学及应用语言学		1978
	新闻传播学	广播电视语言传播（语言传播）		2006（2014）
艺术学（曾经）		广播电视艺术学	广播电视语言艺术	1999
艺术学（如今）	戏剧与影视（学）	播音主持艺术学		2011

我们既要传承回望，又要有创新发展，特别是面对当下讨论十分热烈的人工智能。人工智能一般都会涉及人机对话这个环节，人机对话除了通过键盘输入之外，更便捷的方式就是用有声语音。实现人机对话正是通过有声语言表达、语言传播、以播音主持为典范的创造性活动。目前对于创造的界定，虽然有很多说法，但至少包含四个要素：有创造性的目标、有创造性的劳动、有形态的转化、有劳动性的成果。而播音主持是有传播目的的，在备稿六步中，特别提到"目的是关键"，表达与说话都有其传播目的，因此我们的语言传播是有目标的同时也是具有创造性的劳动。我们为文字内容、文字稿进行传播时，需要为其赋能，这是一个音声化的过程。同时，播音主持也包括形态的转化，从文字转化为可视可听的内容，有声语言表达经常还和视听传播融合在一起，这也符合当下视听化传播的大趋势。此外，还有因为音声化这样一个转化过程而形成的成果。所以无论是原来的广播电视节目，还是现在融媒体的视听作品，特别是现在新媒体传播领域更愿意用的词——媒介产品，其实都是一个成果性的指标。基于这样的原因，我认为，播音主持活动是一项创造性的活动，播音主持很重视实践，而且必将更加重视实践。但同样，语言传播在某种意义上应更加重视理念。"实践推进，理念先行"，这既是一种经验，同时也是对我个人思考的综合性表达。我汇报的要点也基于以上的题解分为四点，可概括为八个"定"：定性、定调、定位、定向、定律、定局、定心、定力。

一、定性、定调

虽然大家知道播音主持的艺术属性很重要，属于重要属性，但其实还有一个更根本的属性就是新闻属性，或称为新闻传播属性。在传播过程中，我们要时刻把握

信息的真实性、可靠性和主流性等，因此，相比于艺术性而言，新闻属性是播音主持的根本属性，艺术属性是其重要属性。在传播过程中，我们记录的是当下的新闻事件，同时也是在书写未来和历史。回望历史上所记录的重大历史事件、发展节点与人物，在某种意义上，都属于所在时代的新闻事件、新闻人物。我们当下所记录的新闻事件，随着岁月的更迭，大浪淘沙的筛选，最终也会成为我们所书写的历史。因此，我们的任务看起来做的是快餐文化，实则是在凝练将来可以留得住的历史，记录当下，书写历史，这就是传播性。而新闻性，就是讲究党性和人民性，深入理解并准确传达党的政策、方针。事实上，播音主持学子入学之初就要肩负起记录新闻、宣传政策、书写历史的使命。从广播电视发展历史来看亦是如此，人民广播自1940年开始至今，伴随着中国革命事业、建设事业、改革事业的发展，每一个时代都有播音员、主持人、语言传播工作者的参与，很多历史事件都是以笔书写，以口相传，入民之耳，印民之心，这便是定性与定调。

二、定位、定向

新媒体、融媒体、全媒体都是当下热词。虽然全媒体并不是新的概念，但在党的二十大之后，该词得到了更多人的关注。党的二十大报告中强调要"加强全媒体传播体系建设，塑造主流舆论新格局"，在二十大召开之时至召开之后，持续引发了社会各界，特别是从事新闻传播、语言传播、网络视听媒体工作者的关注。如何理解定位？如果说新媒体是新概念、新范畴，融媒体是一个过程集合，那么全媒体诉诸人们的是视听、感受、互动和参与，全媒体更偏向融合后的媒介，而不是融媒体。如何理解定向？在当下的媒体格局中，更要讲求传播内容的正向性和主流价值观。在2020年金鹰节评奖时，视听作品不再分广播、电视、互联网作品，而是依据台网相同的标准进行评选，同一标准不再区分媒介形态。这是一个很好的、值得关注的现象，不再限定传统媒体、新媒体或融媒体，既然要塑造全媒体领域内主流舆论新格局，那么在评选中也要关注各类型媒体中导向正向与否的问题。

三、定律、定局

定律与定局是在面对变局之时我们需要特别把握的要素。在大的变革之中，我们首先想到的就是创新，创新没有问题，但内在的规律不容忽视。一是语言传播规律。在音声化的过程以及与视听元素结合的视听化过程中，若不悦耳动听，不入耳入心，语言传播该如何讲求其标准依据？二是传播规律。在经典的传播模式中，最后一环便是效果，传播规律的应用最终要指向效果。三是历史规律。互联网是有记忆的，全媒体也是有记忆的。我们的表达是需要承担责任的，我们记录的新闻未来会成为历史，以什么样的历史观和文化观去做新闻事业也是有历史规律的。四是文化规律。我们要承担历史责任，善用传媒技术，做好文化传播的事。音声化表达对于文化最大的贡献便是让文化特别是让经史子集、典章器物里的文化活动起来、生动起来、灵动起来，甚至流动起来，这样的文化规律正是靠有声语言推进的，也是人们当下阅读的一种方式。此外，还有定局，即主流舆论的新格局，这不仅是当下规划的格局，也是未来该有的和应有的格局。综上所述，在大变革的时代，对于语言规律、传播规律、历史规律、文化规律和主流舆论新格局的几大定律与定局的把握，仍是我们需要继续进行研究的重点。

四、定心、定力

不读史，会忘记初心；不传承，会遗落明珠于历史尘埃。当然，传承并不是原封不动地接过即可，而是创新，其所呼应的便是守正创新。我们有人民广播的优良传统，有泱泱大国的黄钟大吕之声，怎么能不去守正呢？同时，在取得经验和成果的基础上，随着社会发展、人们审美期待的转向等，回望传承也应不断丰富其时代感和创新性。正如播音主持基础理论所提到的"三性三感"，我认为非常重要的一点是时代感，时代感既符合当下的传播规律，也符合当前受众审美和当今社会走向，时代感充分说明了语言表达的特点与规律是发展的，而非守旧的。第三，在所有发展变化中，人是最重要的部分，人为核心，人既是播音主持领域的从业人员，又是其作品的凝结者，风格即人，作品即人，好的播音员、主持人本身便是作品。"人才"为本，对于我们这个行业而言，也是如此。

谋定而后动，谋定是重要前提。四个角度八个"定"字，定性、定调是根本，定位、定向有方向，定律、定局是尊重规律，定心、定力需要个体在大变局中不乱方寸。八个"定"字，有守正有创新，是我们认同和倡导的"发出国家声音、体现国家形象"的语言传播理念。

（整理｜陕西师范大学新闻与传播学院 李思涵）

历史学视野下的传播问题与传播学

◎ 姜 萌[*]

感谢大会的邀请！今天向各位老师报告三个方面的内容：一是历史学与传播学的学科关系，二是历史学关注的传播问题，三是历史学与传播学的交叉问题。

一、传播是历史的五个层次之一

历史是我们最常用的基础词汇。从史学理论来讲，它包含了5个层次，分别是历史本身、历史记载、历史研究、历史书写、历史的传播与接受。从学科关系来讲，传播学和历史学的学缘实际上是最近的。在中国古代，历史学与新闻学、传播学都涵盖在历史范畴之内。我们常讲的"秉笔直书"主要指的是对所见所闻的当代史的记载，在当下更多属于新闻学的范畴，而"青史留名"是对记载和书写效果的描写，在当下属于传播学的范畴。随着现代学科意识的出现和人类对认知能力理性的提升，整体知识被切割成很多条块，历史学的内涵逐渐收缩，其主要研究内容是历史研究以及一部分的历史书写。虽然现代历史学的边界收缩了，但是它与传播学的学科亲缘是无法抹去的。也正是因为如此，在跨学科研究兴起之后，历史学与传播学的交叉也就自然出现了。

作为一个历史学研究者，我对"历史的传播与接受"的理解是：已经具有完整意义的历史故事或文本进入大众生活，被理解和接受，形成历史认识，转化为历史创造的因素。这里需要说明的是，承载知识和思想传播的载体是口传的、文字的或影像的文本；这些文本是具有完整意义的；知识和思想能够被认知主体接受；这些知识和思想对于认知主体而言可以修身齐家，对于社会而言可以治国平天下。历史学的中心任务是以符合人类利益为出发点来记录、书写和解释人类历史，然而，仅仅完成这一中心任务，是不能发挥作用的。它必须借助传播，这里的传播指的是让更多的受众形成、塑造有利于人类发展的历史记忆和观念。在我的理解中，历史学具有"真实性"与"公共性"这两个本质属性。离开了真实，历史学就失去了学科意

---

[*] 姜萌，中国人民大学历史学院教授、博士生导师。

义,而历史学只有真正作用于人类,它才能够具备有利于人类发展的功用。在这一过程中,历史学一步也离不开传播。换言之,传播是一个载体、一个纽带、一个过程,它不仅可以让历史流动起来,还可以让历史融入现实。因此,传播是历史学的一个基础问题。从这个角度来讲,历史学和传播学对人类的生产与生活都具有非常重要的作用,二者结合起来,产生的作用会更大。

中国先贤早就注意到了历史与传播的问题。孟子说,"孔子成《春秋》而乱臣贼子惧"。孔子撰写的《春秋》之所以能够有这样的威力,正是因为《春秋》传播出去了,"春秋大义"被接受了,因此才能起到规范天下的作用。司马迁对此认识得更加清楚。他在《史记》第一百三十卷《太史公自序》中说:"夫《春秋》,上明三王之道,下辨人事之纪,别嫌疑,明是非,定犹豫,善善恶恶,贤贤贱不肖,存亡国,继绝世,补敝起废,王道之大者也。"善恶是非这些思想内核要作用于人类社会就要基于文本的传播,当文本及其承载的思想被大多数人接受了,它才可能起到维护社会秩序的作用。正是基于这种认识,他才提出了"述往事,思来者"的著名观点。

二、历史研究关注的传播问题

我最近拜读胡百精教授的《共识与秩序——中国传播思想史》一书,才猛然意识到原来传播学学者对历史与传播问题的研究已经如此精细深刻。由此,我也梳理概括了一下中国历史学界过去对传播问题的关注和研究情况。历史学界对传播问题的研究和关注主要表现在三个方面。

第一,文本的传播。文本向上连着思想与言说,向下连着传播与接受。因此,研究思想的形成及其影响,离不开对文本传播的研究。中国历史学界最早有关"传播"问题的研究主要是马克思主义论著和思想在中国的传播。此后对文本的关注研究也逐渐向其他议题扩展。

第二,传播效果对书写与言说的影响。思想和言说是传播和接受的内容,传播和接受又反过来影响着思想和言说。传播效果对书写和言说的影响是要求书写者、言说者去关注自己的表达,提高改进自己。这又分化为几个问题:第一个问题是史家的问题。"一万年来谁著史?"就是谁在研究和书写历史。第二个是史观的问题,就是主体以什么样的立场和什么样的世界观去评判、言说历史。第三个是技术的问题。"言之无文,行之不远"就是指主体用了什么样的方式去言说或书写历史。

第三,传播的动机与效果。传播是基于书写和言说的,而书写和言说一定是有动机的。以司马迁为例，他要"述往事，思来者"，并且希望其著述能够"藏之名山，传之其人，通邑大都"。他有了这样的动机，才能忍辱负重，为了撰写《史记》付出一切。传播不一定都会被受众接受，也可能在接受过程中出现误读。我们必须承认的一点就是在传播的过程中受众可能形成共识，也可能产生分歧。举例来说，人们耳熟能详的"一千个读者有一千个哈姆雷特""历史是任人打扮的小姑娘"这两句话就是对传播过程中产生分歧的体现。近年来人们讨论的比较热烈的"历史记忆"问题，与此有着紧密关系。

综合来看，历史学界对传播问题的研究，比较注重对具象的问题研究，既缺少对历史与传播现象的理论思考，也缺少对传播学理论的吸收。

三、历史学与传播学学科交叉的未来

上面谈到的历史学对传播问题的关注和研究，其实就是历史学和传播学学科交叉的成果。无论是传播学领域关注的传播思想史，还是历史学领域关注的传播问题，虽然在研究议题及方法上有很多交集甚至相同，但是好像中国历史学界和传播学界的从业者的交叉融合的主动性并不强。在我看来，两个学科的学科亲缘性如此近，再加上时代发展的助推，两个学科之间的交叉融合的前景是非常广阔的。

目前，技术的发展正在以前所未有的速度破除学科之间的壁垒。从历史学角度来看，史料垄断、发表垄断、学术规范的垄断正在逐步瓦解。大众媒介时代，研究者学习史料、发表论文更为便利；对非历史学专业的人而言，大众媒介也为其搭建了研究历史与表达的平台。从传播学角度来看，自媒体掀起了媒介革命，其中的一个重要表现就是从主持向主播的转型问题。

对于历史学学科而言，今后需要克服不重视传播的问题。现代中国历史学获得了前所未有的发展，但是有一个问题却长期未能得到解决，那就是历史知识的应用与传播普及问题。大众的生产生活需要历史，且需求量巨大。但在过去，我们过度集中在研究上，忽视了书写表达，丢失了叙述的技巧，不关注传播的效果，这就导致了大量的历史知识及发现无法及时有效地传递给大众，也就是说现代史学过度专业化和学院化，远离了现实与大众。历史学要解决这个问题，毫无疑问要和传播学进行交叉融合。

对传播学学科而言，用胡百精教授的话就是"须补足历史向度的思想资源"。现如今，人们生活在一个极具挑战的时代，对研究者而言，回到知识与问题本身，站在现实的知识整体的角度去研究与开拓，可能是更有意义的探索。传播学关注现实理所当然，但是也不要忘记了历史可以为传播学提供更广阔的空间和更深厚的学术支撑。

历史学与传播学交叉合作的领域主要有哪些？主要体现在专业的学术研究领域。一是学科史，即传播学的学科史，以及历史学与传播学的交叉学科史。二是历史上的传播问题，如果传播学能够用社会科学的理念、理论和方法来研究历史上的传播问题是非常具有价值的。三是书写、传播、记忆等理论问题，从历史学和传播学的交叉角度展开研究具有极大的拓展空间。

除了上面三点学术性比较强的领域，其实在实践层面，交叉融合的前景也是相当广泛的。最近十几年来，我对公共史学议题比较感兴趣。公共史学就是针对现代历史学不注重应用和传播这一问题发展起来的，重点关注史学知识的应用、传播等问题。公共史学希望越来越多的人参与历史书写和解释之中，让大家共享解释权，这就打破了原来专业的史学从业者的垄断性，有助于形成认知的公约数。公共史学并不停留于此，而是进一步希望把这些历史认知的共识转化为创造人类美好未来的资源。就公共史学而言，它的性质就是公共文化产品，其中，历史学提供了内容，而传播学提供了形式与技术。

在公共史学领域，我认为历史学与传播学可以在以下四点交叉结合，形成硕果。第一点是口述史学，主要指口述史料的采集与整理、口述历史文本撰写、口述纪录片，它既是了解学科史的一个工具，也有利于大众理解现当代社会的发展情况。第二点是影像史学，包括历史类纪录片、历史剧与图像证史，这个领域特别需要掌握传播学的理念和技术。第三点是通俗史学，包括音视频讲史、历史小说、历史分析、历史故事。第四点是数字公共史学，比如将虚拟现实技术和AI技术与历史文化遗产保护及开发相结合的实践应用，以及当下较为热门的在线书写历史，等等。

十八大以来，习近平同志就弘扬中华优秀传统文化提出了"创造性转化、创新性发展"的要求。从逻辑方面来看，"两创"对于树立"三个自信"，特别是"文化自信"具有非常重要的意义。从实践方面来看，"两创"是促进历史学与传播学交叉融合的强劲动力。历史学给"两创"提供了真实可靠的知识内容，传播学给"两创"提供了转化与发展的技巧与技术。刚才任志宏老师介绍了他利用短视频传播历史文化知识的实践，就是典型的成功案例。

由于时间关系，简要谈这些粗浅的认识。请大家批评指正！谢谢大家！

（整理｜陕西师范大学新闻与传播学院 刘汶萱）

媒介·传播·美

◎ 徐 辉[*]

技术的进步与时代的发展，使主持传播领域发生了一些很新的、多元的变化，这就使我们今天探讨的话题成为一个有意义的、必须展开的话题。主持传播是目前一个重要的学术和现实课题，需要人们深入地思考和研究，它主要涉及媒介、传播两个方面，而媒介与传播都和美有着直接关系。

受这一话题影响，我们要思考媒介是什么？我认为，从根本上理解，"万象皆媒介"。立足于庄子"道无处不在"的思想，我们可以说世界上任何一个存在物都发散着道的气息，传播着道的消息。因此，万象皆媒介是一个顺理成章的观点。但是这对于各位来讲并不是最满意的说法，因为我们今天理解的媒介指的是现代媒介，例如电影、电视、网络等。

那么现代媒介和"万象皆媒介"有什么异同点？或者现代媒介究竟是怎么样从万象当中凸显出来的？从实用方面来看，现代媒介可以在更广阔的领域里迅速且高效地进行传播，这是因为它本身具有一股很强悍的传播力量，这是现代媒介一步一步地往前发展的一个非常基础性的因素，这一股非常强悍的力量是什么样的力量？对于接受者来说，它无疑是一股非常强大的感召人的力量，一股强大的吸引力。这股吸引力其实就是美学意义上的美，是庄子所说的"天地有大美而不言"，也就是道。在此，我举一个例子，各位不妨想一想我国著名的节目主持人，他们除了传播明确的信息之外，还剩下些什么？剩下的无疑就是一种很强的感召力，也就是一种能够称为美的可意会而不可言传的力量。

如果从这一角度来思考传播，可以发现成功的传播不仅与内容有关，它还在传播着一股可以称为美的强大力量。由此引出我分享的另外一点：将相关信息融入美的氛围，是传播成功的基本点。如果仅以明确传播内容为主要目的，那么传播主体就会平淡如水、毫无意趣地言说，就不会达到预期的传播效果。

在此基础上，我们要思考媒介该如何建构。我认为，营造美的氛围是思考现代

---

[*] 徐辉，中国传媒大学艺术研究院副院长、教授、博士生导师。

媒介建构的关键点。如果我们在进行媒介建构的时候，或者在进行自媒体建构的时候，比如进行AI合成主播建构的时候，如果能够从美的氛围的营造角度出发，那么，建构出的作品将成为艺术作品，这一艺术作品自身会携带着一股强大的感召人的力量，把人吸引住，让人们愿意来听，愿意来看，愿意接受我们所要传达的内容。

如果我们的言说、媒介有一股强大的感召力，有一股能够非常动人的、吸引人的可称为美的力量，那么这样的传播效果便一定是好的。如果不然，我们的传播效果便不会好。传播效果不好，也意味着我们在建构现代媒介方面不会有成功可言。这里，我想仅仅从自媒体主持这个方面谈谈简单的观点。在自媒体主持中该怎么样言说？我认为要动人地说。这里的动人指的是主持人要恰如其分、有意味地说，而不是以突出自我为目的来展开传播活动。从主持传播的视角来看，现如今许多主播在工作过程中滔滔不绝，但并没有体现出美，其内容对受众来说并没有接收与学习的价值。

如果大家有兴趣，关于以上我所提及的环节具体该如何实践，可以请教论坛与会的各位专家，他们长期以来在这个领域实践着、思考着、研究着，相信通过与专家们的交流探讨能够获得更多的思考。

（整理｜陕西师范大学新闻与传播学院 刘汶萱）

数字虚拟人交互设计与实践

◎ 侯文军*

一、数字虚拟人的基本特征和类别

数字虚拟人是由人建造的、在非物理世界中通过计算机图形学、图形渲染、动作捕捉、深度学习等手段建造的具有多重人类特征的综合产物。数字虚拟人与计算机图形学和交互设计的发展高度挂钩。在人工智能、VR、AR、元宇宙的带领下，各行各业快速发展。数字虚拟人的应用领域也从原来的娱乐领域，扩展到金融、传播等多个领域。元宇宙的发展给数字虚拟人带来了非常多的应用场景。

数字虚拟人的运用越来越广。从外观来说，数字虚拟人有超现实风格式的形象；从形态的角度来说，数字虚拟人有静态的、动态的、交互的；从图形的资源来说，数字虚拟人有2D的、3D的；此外，也可从应用的角度对数字虚拟人进行分类。从应用的角度来说，按照核心功能和需求的不同，数字虚拟人分成两类：身份型数字虚拟人和服务型数字虚拟人。

（一）身份型数字虚拟人

身份型数字虚拟人与元宇宙概念高度相关，具有鲜明的身份性质，通常为使用者在虚拟世界的第二分身，多以真人来驱动，如Meta在其一系列VR应用中运用的虚拟形象。身份型数字虚拟人分为两类，第一种是虚拟IP/偶像，比如文娱领域中常用的品牌方定制的代言人的虚拟形象。第二种是虚拟世界中真人的第二分身，代表真人在虚拟世界中进行一些社交活动。

（二）服务型数字虚拟人

服务型数字人可提供服务，具备一定的功能，可以替代真人完成任务，比如日常陪伴、关怀，比如担任虚拟主播、虚拟老师、虚拟陪伴的助手。服务型数字虚拟人分为两类：其一是替代真人服务，其核心功能是代替真人做一些含有内容生产

---

* 侯文军，北京邮电大学数字媒体与设计艺术学院副院长、教授、博士生导师。

和简单交互的工作，降低对真人表演的需求，在特定情况下进行主播服务或客服工作。由于这种的工作和行业的知识图谱非常相关，因而设计者要通过深入知识图谱做好服务工作；其二是多模态AI助手，基于真人形象，提供关怀。

未来数字虚拟人的整体市场规模是非常大的。目前，身份型数字虚拟人占比较大，占整体市场的85%；服务型数字虚拟人占比较小，随着技术的发展和完善，将来可能会有更多应用。

数字虚拟人从情感交流和本身内容的判断来说，肯定没有人类的情感丰富、认知判断能力强，但数字虚拟人还在不断进步。随着社会的发展，人和机器的分工可能会越来越不同，这也是社会发展的一种现象。我们与其把元宇宙理解为下一代互联网，不如理解为人类在未来的数字生存，如果元宇宙发展到一定的阶段，我们会在元宇宙中进行更多的社交，让数字虚拟人成为我们的代表。

二、技术状态：主流技术流程

从技术角度来说，交互式数字虚拟人可分为真人驱动型和计算驱动型两种。真人驱动型数字虚拟人是根据人脸建模，进行动作捕捉，采集人脸特征，与数字虚拟人进行绑定，是人在驱动数字虚拟人。计算驱动型数字虚拟人也是真人建模，但是不再靠现场的驱动，而是通过其自己的内化感知，比如用语言表达情感，是多模态技术与深度学习技术的集大成者。

（一）真人驱动型的技术流程

首先进行形象设计和建模绑定，然后通过动作捕捉设备进行捕捉，最后驱动和渲染，形成互动。其重点在于动捕，发展的关键在于用摄像头拍摄加图像识别，可以实时地用摄像头捕捉人脸、手势，即直接驱动的形式。

（二）计算驱动型的技术流程

首先进行形象设计，然后采集真人的形态和运动数据，进行绑定。其重点在于学习与训练，比如对一段视频进行学习，基于各类驱动模型，包括唇形、语音、动作、手势、表情进行模型的训练，进行合成、渲染驱动，可运用于其他场景。

计算数字虚拟人的构建分为四个部分：一是形象设计，即设计虚拟形象，比如真人或者卡通风格；二是表情驱动，即将表情的表达形式驱动到数字虚拟人上面；三是语音合成，即将文本转成音频；四是唇形生成，即根据音频同步唇型动作。这实际上是两条路线，其一是数字虚拟人表情和口型的动作；其二是语言文本的生成。技术原理是表情驱动、语音合成、唇形生成。表情驱动，是指用人物A的脸演绎人物B的表情。比如百度飞桨、微软等公司都有一套自己的系统。唇形生成，是指驱动视频的唇形和目标语音进行配合。语音合成是数字虚拟人最核心的部分，将文本加语音模型进行音频输出时，不论是2D还是3D数字虚拟人，都可能需要用这种方式，微软、谷歌、腾讯等对此都有应用。

从0开始制作数字虚拟人需要较长周期，耗费较高成本。比如腾讯有一个软件可通过自拍生成数字虚拟人，但距离技术成熟还有一定差距。现在比较主流的、比较常用的是捏脸的工具，该工具可以根据素材库进行特征的匹配。工具化是数字虚拟人技术发展的必然趋势。

三、技术实践：数字虚拟人交互设计

数字虚拟人的交互过程从"形似到神似"，重点还是要有交互的能力。2017年，数字虚拟人还是靠演员实施驱动；2018年，数字虚拟人不止步于"提线木偶"的阶段，包括语音识别、自然语言处理、语音合成、语音驱动都有很大的发展，可以通过渲染引擎进行驱动。现在我们要设计一个高保真的数字虚拟人，不仅仅光是希望它表情动，还希望它更加智能，可以回答一些问题。这样的工作需要知识图谱的后台支撑，才能达到不仅是简单的表情和语言的输出，还能相对智能地回答一些问题。

数字虚拟人有三个交互系统：

（一）人机语音交互系统

人机语音交互系统中有语音识别模块，即对用户的输入进行识别，使数字虚拟人可以获取用户的意图；也有语音情感识别，即从语音中提取语言信息，使数字虚拟人可以获取用户的情感状态；还有个性化语音合成，即复现真人的发音和韵律，包括丰富的语言能力。

（二）智能对话系统

该系统拥有一个知识图谱，使上下文之间不仅可完成一段播报，还能对一些问题进行回答，或者翻译成多种语言，打破语言隔阂，赋予一定的情感。这一步目前可能发展得还不成熟，但在未来一定会继续发展。

（三）人机视觉交互系统

该系统把人和语音进行绑定，进行一些视觉的反馈，以完成整个人机系统的流畅运行。

我曾负责的一个北京市人文社科的重大项目，实际上就是基于知识图谱的北京文化的挖掘，当时为了实现可视化，建构了一个知识图谱，使软件被问什么就可以回答什么，但是需在计算机或手机中输入问题，才能给出答案，不够生动，因此后来将该软件做成了人形的，可以进行对话。后来和移动公司合作做了一些全息影像的表达，将数字虚拟人（以下简称为"虚拟人"）做成三维的，即一个全息的立体的形象。现在大家看到的这段视频中我的数字虚拟分身，就是基于个性化语音合成的声音的复刻，是根据我个人的形象，结合一分钟的音频数据合成的。

未来，真人和虚拟人之间是人与人、人与事物的多元交互，可能是人和虚拟人打交道，也可能是虚拟人和虚拟人之间打交道，虚拟人还可以和虚拟物体打交道。未来虚拟人可能是我们交互的枢纽，是真实空间和虚拟空间的枢纽。目前来说，元宇宙可能还不会那么快实现，但是虚拟人可能是第一个且最快实现的，会被运用到更多的地方，现在大多是用在虚拟主播、播音这方面。虽然目前虚拟人确实只是进行一些简单的工作，但之后如果虚拟人能够积极学习人的知识图谱，那么虚拟人可能会做一些更复杂的工作。

从用户方面来说，比如传媒领域的使用者提出的很多问题，将是我们未来在虚拟人技术上应该解决的问题，以便虚拟人更好地服务人类。

（整理｜陕西师范大学新闻与传播学院 时雨晨）

进化中的异化：AI 合成主播的言说之困

◎ 高贵武[*]

随着技术的突飞猛进，近几年大家争相讨论的AI、虚拟主播、数字人、元宇宙等已经渗透到了社会的方方面面。作为社会上最敏感、最具有瞭望哨性质的职业角色——播音员、主持人或者传播者一直走在技术的最前端。AI合成主播出现后，一方面，让我们看到了它的价值、意义，看到了它对传播效率产生的巨大影响；另一方面，让我们也思考：从技术的角度，特别是从技术的工具理性的角度来说，AI对传播活动、对人格化的方式传播造成的影响，是否有负面影响。

我在题目中用到了进化、异化、言说之困几个关键词。进化指的是技术的发展推动主持传播的发展，使主持传播不仅在渠道、内容、形态、方式方面有发展，并且在主体方面也出现了发展。异化通常是指原本由人生产出来的东西最后反过来形成了对人的支配。循着这样的理论思路，以AI合成主播为例，如果我们成了AI的奴隶，其发展就背离了发展的初衷，背离了发展的方向就会存在异化，就会使AI合成主播在传播、交流、言说的过程中可能存在一些不可逾越的障碍。还有一个关键词言说，可以理解为说话。大家都觉得说话很简单，实际上说话是一件非常不简单的事情。《春秋榖梁传》中说："人之所以为人者，言也；人而不能言，何以为人？"把言说提高到了界定人的高度。从传播学来说，传播是一种心灵的交往，是一种精神的交往。人与人之间的言说不可避免地蕴含着社会与心理层面的心领神会等精神交往的含义。人对言说的技术工具的使用，在一定程度上能够使言说成为可能，把AI作为一种言说工具，借助言说工具，使言说得到一定程度的提高让时空、地域，甚至我们的身体无论在场不在场都产生了一些新的变化。从言说的角度来说，言说可以定义人，或者说成为人之为人非常重要的方面，反之，如果在传播中出现了对于言说的一种反向的倾向，我们就可以把它定义为或者暂且称为一种异化。具体来说，可能出现的异化体现在以下几个方面。

---

[*] 高贵武，中国人民大学新闻学院教授、视听传播系主任、博士生导师。

一、主体性缺失：信息生产中的主体困境

AI合成主播的言说中存在着几个困境，其中一个便是主体性的缺失，在信息生产中，可被称为主体困境。从延安时代起发展至今，传统的主持传播者，不仅仅是信息生产的主体，或者说不仅仅是信息搬运的主体，更是信息传播人格化的中介，是以一种人格化的方式进入交流情境中，继而使传递的信息真正发挥作用，产生效果。

（一）仪式（程式）感对信息的侵蚀与吞没

首先，从AI或人工智能的技术角度来说，AI一定是由某些程序/程式主导的，这种程式无疑会对信息形成一定的侵蚀和吞没。AI合成主播在信息传递上尽管可以大大提高传播的效能，但却使主播角色的艺术性和创造力被科技感和新奇性泯没。现在大家看AI合成主播的时候，感受到的是科技感或者新奇性；其次，"把关人"位置的旁落让AI合成主播难以在言说的过程中有足够的掌控力，从而逐渐失掉其在传播中的主体性。传播中的主体性如何体现？刚才李洪岩老师讲了，要通过其主动性、创造性来实现。而AI合成主播既然是以这种程式的方式进入，就不可能在创作或者主观能动性方面有所体现，因此，它的主体性会受到极大的影响；最后，AI合成主播给受众提供了更多参与的新奇感且可以触及场景，因此令受众很少会出于纯粹的信息需求来选择AI合成主播作品/产品。从以上方面来看，AI合成主播对信息的传达或者信息传达者的主体性是有一定的制约和影响的。

（二）游戏性对传播交流性的替代

受众在参与AI合成主播传播的时候还存在游戏性。游戏性在一定程度上会替代传播的交流性，甚至产生消解的效果。相较于真人主播，AI合成主播会在受众对待言说的心态上注入一种更强的游戏属性，而忽略最初沟通中本应注重的交流感。受众在和AI合成主播进行交流的时候，往往会带着一种戏谑、故意去逗弄它的心理。我们采取游戏的状态和AI合成主播进行交流，在此之后会陷入欺骗性的沟通，这正是对主体性的减损。

（三）表演性对信息可信性的削减

AI合成主播当下作为工具或者被观看、被消费的对象出现在传播领域。我们并没有真正把它当作跟我们进行完全深度、平等交流的人格主体。当表演作用强于

实际操作的功用时，AI合成主播也就成了装饰性的技术存在，更不要提它的主体性了。另外，从AI作为技术产物的角度来说，AI实际上作为一种技术配备和新科技符号存在于信息生产流程中，无从谈及主体性，因此AI合成主播也无法真正发挥言说的核心功能。

二、虚假性交往：人机互动中的交流困境

AI合成主播与人的交流过程是一种虚假性的交往，造成了在人机互动中存在着巨大的交流困境。哈贝马斯说："会话的顺利进行是一个理想的状态，而实际的情况是会话总是会受到系统的制约。"AI合成主播系统的制约有以下几点：

其一，从技术好奇到技术恐慌的交往感知。当AI合成主播初次进入大众视野时，我们会带着很好奇的心态来审视，与其进行交往和互动。随着技术的发展和进化，当AI合成主播越来越接近人、越来越像人的时候，在交往的过程中反倒会引起技术恐慌。AI合成主播在某种意义上会呈现出一种互动的假象，在交往的场景中，它会引起受众狂热的追捧。当受众对新鲜事物的热情逐渐退去，就能感觉到技术对人的主体性的压迫，从而产生技术恐慌。1970年，机器人专家莫里提出：机器人不应该与真人相似，因为这样的机器人可能会落入"恐怖谷"，真正使我们对它产生恐惧和抵触。从这个角度来说，我们一开始提出的AI合成主播的进化，即AI合成主播越来越像人、越来越让我们分不出来真假的时候，真的会成为一种科学的、理想的进化吗？

其二，在人机互动的交流困境中，从难辨真伪到不辨真伪的人格感受。从简单说是真的还是假的，到最后干脆觉得是假的，把它（AI合成主播）当成假的来对待。

其三，从互动言说到技术性陪伴的情感位移。在一些发达国家或者AI技术比较超前的地方，已经开始出现这样的实践：在受众的好奇感、新鲜感逐渐消失之后，与其把AI合成人当成交流的主体，还不如当成陪伴的物件。现在很多西方发达国家都有机器人陪伴老年人或者某些方面失能的人。从这个角度来说，AI合成人仍无法完成真正的交流，还是会陷入言说的困境当中。

三、简单化场景：口语灵韵的消逝

AI合成主播在应用的过程中同样会造成一些场景的简单化，甚至会造成口语

交流自身灵韵的流失，这是作为一种系统的制约因素来制约言说的。李洪岩老师讲道：播音主持口语传播具有鲜明的艺术性，真正的艺术性或者真正的美是什么很难以言说。机器人在进行传播的时候，总觉得它缺了点什么，这个"什么"，就是口语当中的灵韵，口语灵韵的消逝体现为以下几个方面：

（一）技术设定导致社交能动性萎缩

AI合成主播的播读、聊天是独白型的叙事模式。从主持传播、人格化传播的角度来说，不管是播音还是口语传播，一定是交流式的叙事，绝不是独白式的叙事。AI合成主播不能使对话沟通、反馈的话题向纵深的方向发展，这也决定了它在言说过程当中存在的困境。

（二）工具理性引发言说过程中呈现自我主义倾向

AI合成主播基本上都是由算法来设定的。它们按照算法的设定进行对答，即便是技术水平特别高的AI合成主播，在某些时刻某些情境中可以体现出共情，但也是通过算法对平均情绪的一种测算。这种机器的言说除了独白型的叙事模型之外，是以自我为中心的，它是在自己的逻辑中来完成任务的，无法产生即时的互动，缺少口语传播的灵韵。

（三）智能程式化影响口语文化中的二度创作

真人主持人在交流的过程中会进行二度创作。面对同样的文稿，不同传播者的处理方式、呈现效果是不一样的。机器人因为智能程式化的特点，其二度创作和个人特色会大大消减。比如各个电视台都会购买AI合成主播，但购买的AI合成主播一模一样，都是机器化的产品，不能进行二度创作。

（四）技术简化交往情境并形成固定单一的交流模式

一旦固定单一的交流模式出现，之后不仅不能达成有效的言说效果，而且还会影响受众，将固定单一的交流对话模式带入日常生活中。如果完全以这种方式进入言说/传播环境中，久而久之，我们也会变得像AI合成主播一样机械化。

四、讨论与启示：进化中的异化

从马克思对于异化的理解出发，AI合成主播在言说过程中确实出现了一些跟我们的目的、初衷不一致，甚至越走越远的东西，这样的现象是不是可以称为异化？如果是一种异化，从传播或者言说的角度来说，我们怎么在进化中有目的、主动地去规避这种异化呢？

（一）从赋能到"铸魂"

AI合成主播在进化的过程中，不应该越来越像人，应该从赋能到"铸魂"，但真正的灵魂不可能在其身上诞生。AI合成主播的出现对我们来说是镜子一样的存在，从AI合成主播的身上我们能够更好地发现主持传播的灵魂所在、精神所在，这是其人格化的魅力，也就是"铸魂"。

（二）技术"黑箱"

技术吞没了口语文化、亲密的人际交往的特色，虽然提高了传播的效率，但是却忽略了受众对于主播人格化角色的期待。我们还是愿意跟真正的人交流。当AI合成主播追求的人格化成了一个供玩赏、供戏谑、供消费、供游戏的文化符码时，AI合成主播也就真正地陷入了一种由技术进化引发的言说异化的风险中。而从传播者的角度来说，最核心的东西恰恰是"以人为本"的、构筑人格化传播的灵魂，而这也正是我们警惕和规避AI合成主播出现异化的正道所在。

（整理｜陕西师范大学新闻与传播学院 时雨晨）

关于新学科语境下播音与主持艺术专业建设方略的思考

◎ 马　欣*

2022年颁布的新版学科目录，呈现了学科的调整与变化，其中，根据艺术类人才培养的特点，重点对艺术学门类下一级学科及专业学位类别设置进行了调整和优化，在原有艺术学理论一级学科基础上，设置了艺术学一级学科，包含艺术学理论及相关专门艺术的历史、理论和评论研究，另设置了音乐、舞蹈、戏剧与影视、戏曲与曲艺、美术与书法、设计等6个博士专业学位类别。这样的调整无疑为专业建设提出了更高要求。本文以重庆大学播音与主持艺术专业建设为例，思考新学科语境下如何让艺术学更好地在未来教学和社会实践中充分发挥能动机制。

2020年，重庆大学播音与主持艺术专业被评为"国家级一流专业建设点"，以审美精神需要为核心要素，以"服务国家战略""满足社会和行业需求"以及"高层次人才"为培养目标，以传承红色基因、坚定文化自信、立足一流专业、勇于实践创新为根本宗旨，为新学科语境下的一流专业建设，提供从学术创作、学科探索、培养模式等全方位构建的应对方略，具体思路如下：

一、以史为鉴，坚持正确的学术创作道路，打造学科内部的"学术共同体"

播音与主持艺术专业一直是我国特色教育专业，经过几十年发展，它实现了从最初的一项工作、一个专业，到一种理论、一个学科的历史性转变。

新的学科目录在艺术学科调整中的一大特点是强调了艺术学科相关专业的硕士博士培养的学术性特征。这预示着艺术类专业要从实践中以更加开放的胸怀和协同的方式，夯实学术建构，增强艺术学科内部的互通互动，推进播音与主持艺术专业全面、均衡的发展。

---

* 马欣，教育部高校戏剧与影视学类专业教学指导委员会委员，重庆大学美视电影学院教授、副院长。

新的学科目录在艺术学科调整中的另一大特点就是将不同艺术领域之中的史、论、教育、管理等关乎理论研究的学术性对象都归拢到单独设立的新的"1301艺术学"以及学术性学科之中，也就是反映出艺术学理论的建设要相互促进、相辅相成。要树立更广阔的交叉学科意识，促使学科建设实践与理念并驰，以播音主持理论体系为例，应该以"播音史论"等史学思维为研究方向引导，联合播音主持实践与教学实践，分析播音学和历史文化传承的相关性以及更多专业实践拓展的创新性，形成合力，共同探索，凝聚共识，产生影响，激发播音与主持艺术专业学术研究的内在活力。同时，形成学科交叉、视域融合，坚持正确的学术创作道路，打造以播音与主持艺术专业为探索学术研究、带动艺术学科整体所构成的"学术共同体"。

二、以融促新，坚守自信的文化传承创新，打造艺术教育的"特色路径"

要继续加强顶层设计，引导播音与主持专业建设在创作内容中融入巴渝特色，礼敬中华文化。以巴渝传统、红岩精神、先进文化为主体，优化课程建设，拓展专业师资，满足全体学生的艺术需求，让艺术实践和社会价值融为一体；在专业建设上，要持续创新开发交叉课程，发挥学科交叉的重要作用，在综合类大学中发挥理工优势，比如播音与主持艺术专业如何融入人工智能，如何借助AR+VR技术和网络技术，构建艺术意象空间，打造类似"语言云课堂""红岩声漫""云端声音"等声音创作的"云展演"，探索技术与艺术相结合的高阶课程；在师资队伍上，校内外融合的"双师制"一直受到认可，可满足学生理论功底和实际操作的共同进步，以此持续推动一流专业建设，打造"西部特色"专业，共同实现提升学科整体水平的目的。

三、以人为镜，坚定清晰的培养人才方向，即服务国家战略、满足社会需求、打造高质量人才

依托于中国播音学和整个艺术学科体系的逐步完善，在新学科背景下，播音与主持艺术专业的人才培养仍然需要强调专业核心，充分发挥播音与主持艺术的美学特性，从形象与声音、艺术与逻辑方面培养学生追求引领"亲民、高知且共情"的口语传播特性，即在亲切的话语样态中实现对舆论的引领，在专业领域内实现优质有效的信息服务。

同时，细分专业的业务口径，推动学生的多元发展，分级分段地根据学生兴趣与能力对课程进行细分，为学生进行清晰的专业定位导航，建构未来发展的多个方向，使人才培养不是"一锅烩"，而是"个个鲜"。以学生的就业情况为反馈，始终明确播音与主持艺术专业人才培养的终极目的，应是培养学生发挥语言优势和专业特长，满足多样化、宽口径的输出，引导学生不仅适用于传统媒体，更适用于新媒体及其他企事业单位、部门等，满足从宣传策划到公关谈判，从活动主持到高阶表达培训等岗位需求，面向大文化市场，培养具备新闻传播力和艺术表现力的复合型高级专业人才。

总之，新学科目录的改变，一方面是在人才培养的阶段即高校播音与主持艺术专业教育中，创新人才培养策略，与业界实践相配套，并具有一定的前瞻性；另一方面则通过实践来逐步调整以适应新传播环境的变化。

播音与主持艺术专业会在时代剧变中始终坚持以人民为中心的创作导向，创作无愧于时代的优秀作品；坚持加强创作观念和创作道路的教育，教育无愧于人民的优秀人才。明确播音主持的功力基础，观照网络媒体的实时发展，强化文化底蕴的必要支撑，积极思索人才培养模式，在新时代抓住发展机遇，改革创新，推动播音主持艺术教育向更深层次创新发展。

（发言嘉宾本人供稿）

守正创新：精品节目生产与融合传播

◎ 付银安*

各位专家、各位朋友，大家好！今天我发言的题目是《守正创新：精品节目生产与融合传播》。2022年11月4日，由陕西广电融媒体集团（陕西广播电视台）出品的六集广播剧《明灯》在中央广播电视总台中国之声播出。该剧艺术地再现了在艰苦卓绝的抗战岁月里，中国共产党在延安创建第一座广播电台——延安新华广播电台的奋斗史。该剧通过广播剧特有的声音艺术展现出人民广播事业的开创者们舍生忘死、白手起家、艰苦奋斗的创业历程，真实立体全面地将延安精神呈现给新时代听众。该剧播出后，反响非常好。有一位听众留言：在当下广播电视十分不易的环境里，陕西广电人浑身凝聚并迸发出来的广播情结，依然是一盏明灯，照耀着广播事业负重前行的征程！

我们制作这部广播剧的初衷正是赓续红色血脉，传承红色基因，致敬革命先烈，致敬我们的广播前辈！的确，作为与延安新华广播电台一脉相承的西北新华广播电台正是陕西广播电视台的前身，而陕西新闻广播作为传承这一红色电波的广播电台，自身也始终肩负传承发展、守正创新的责任与使命。我想，这部广播剧的播出正好契合我们这个论坛的主题"回望·传承"。

一、以正能量和受众期待为方向的精品研发、生产机制

广播电视作为党和政府发布政策信息的重要平台和联系人民群众的桥梁纽带，一直以来深受广大受众的关注与信赖。作为广播电视内容生产的支撑部分——精品节目生产关乎媒体导向、形象和品位、品牌。

近年来，陕西新闻广播坚持精品节目研发、生产，带动收听率、影响力、美誉度不断提升，这得益于建立了以正能量和受众期待为方向的精品研发、生产机制。

首先，坚持选题的先进性和正能量输出是精品节目研发的基础。2021年我们制作的54集长篇连播《巍巍嵯峨》是一部以中央云阳红军改编和安吴青训班的创建发

---

* 付银安，陕西广电融媒体集团（陕西广播电视台）新闻中心新闻广播总监。

展为背景,讲述民族危急、国难当头的抗战时期,一群年青志士不远千里来到陕西泾阳嵯峨山下的青训班,在学习本领的同时,与当地百姓联手抗敌的故事。这个选题最大的特点是,可以让听众从苦难中理解幸福的内涵,明白为了信仰而奋斗就是最大的幸福。作品在"2021声音探索者大会暨北京广播节"上获得"优秀作品奖",同时获得国家广播电视总局2021年第二季度创新创优节目奖。

其次,挖掘热点题材,满足受众期待,让正能量与大流量同行。我们根据作家陈彦小说改编的陕西方言长篇连播《装台》播出后引发广播与网络两个平台的收听热度激增。小说主人公顺子是一个在一切人与事面前都战战兢兢的小人物,他从不计较得失,干最多的活,拿最基本的所得;他爱不敢放手去爱,恨也不敢放胆去恨,但是他身上的闪光之处——"善良和担当"引发了受众最大的共鸣,这一点成为这部作品深受欢迎的根本原因。除此之外,我们根据作家贾平凹的长篇小说《极花》、根据作家邢小利的纪实文学《陈忠实传》改编录制的长篇连播等都受到了极大欢迎。

最后,建立科学有效的生产机制是保证精品节目可持续发展的支柱。每一部精品的产生都是通过"海选作品、反复研讨、精心编辑、试听修改"多道工序才能最终上线;同时,节目生产还建立了与相关机构、平台的合作机制,以确保可持续发展。前不久,我们设立了一个专门生产制作长篇连播、广播剧、声音纪录片等内容的部门——"有声产品事业部",进一步推动精品节目的研发、生产与市场化运营。

二、以主持人为核心的精品节目生产模式

从20世纪90年代兴起的广播主持人节目形态一直延续发展至今。主持人在日复一日、年复一年的日常节目播出中付出辛勤汗水,赢得受众喜爱与支持。时至今日,一批当年的年轻主持人已成长为广播电视行业里的中坚力量,进入可发挥其更大能量的最佳阶段。

陕西新闻广播为每一位主持人建立专业发展方向,把有条件的主持人向演播艺术家方向培养;要求每一位主持人从拥有一个领域的基本专业知识向该领域专家迈进;也鼓励主持人向制作人、制片人等方向发展。如今,我们不仅拥有文化领域的主持人,也有法律专业、旅游专业、心理对话及乡村振兴方面的专家型主持人。

我们建立了以主持人为核心的工作室、事业部和项目组。他们拿选题、组团队、具体实施对接市场。频率负责项目把关、过程监管、协调周边与成果考核,且负责人

实行动态管理,能上能下。这一生产模式的推行,极大地调动了各方的积极性和创造力。前面提到的6集广播剧《明灯》就是由陕西新闻广播有声产品事业部的一位主持人担任编剧、导演的。目前,频率一年生产的长篇连播、广播剧等有声产品达200多集;精品项目、活动20余个(场),成为内容建设的重要支撑。

我们提倡"匠心铸造精品",不重产量重质量,绝不盲目赶进度。2020年,频率策划制作了18集广播剧《路遥》。这部以茅盾文学奖获得者、《平凡的世界》的作者路遥为主人翁的广播剧艺术化地再现了其坎坷、短暂而又充满奋斗色彩的一生,讲述了中国普通劳动者关于生存、梦想、奋斗的人生故事,展现了中华儿女自强不息、顽强拼搏的时代精神。为完成此剧,主创团队本着求真、务实、追求卓越的工匠精神,展开了2万公里的调研之路。在近600个日夜里,创作人员数次往返于西安、陕北等地,走访路遥的亲人、同事、朋友,掌握了大量翔实的资料。经过20多次研讨论证,在10多位专家及团队的共同努力下,剧本六易其稿;通过4个月录制、听评、修改,最终完成。2021年11月8日,该剧在中央广播电视总台中国之声播出,获得热烈反响,被誉为以声音元素讲述奋斗者历程的精品之作,被推荐参加"五个一工程奖"评选。陕西台10多位播音员、主持人参演该剧,其过程既是他们业务的磨炼与提升,更是其内心的洗涤与升华。

三、以弘扬优秀文化为特色的频率形象建设

20世纪以来的广播频率专业化改造和发展使分众传播与内容窄播得以实现,特色鲜明的广播频率赢得相对应受众的喜爱。作为陕西广播电视台第一套广播频率的陕西新闻广播其实是一套以新闻和新闻类专题节目为主的综合广播。全国省台第一套广播频率有的也被称为综合广播。综合广播频率因其丰富多彩而赢得各方受众喜爱,但也容易因频率特色不够鲜明而导致形象模糊。陕西新闻广播通过近8年的频率改造提升,以"大文化、大公益、大平台"为理念,逐步完成以弘扬优秀文化为特色的频率形象建设。

频率现在拥有中国广播影视大奖栏目《文化三秦》、以长篇连播和广播剧为主要内容的《空中书苑》、以读书交流为主的《长安夜书房》;还推出了介绍陕西非物质文化遗产的系列节目《听见非遗》,打造了以文学朗读欣赏为主的新媒体平台《悦读1066》,以及季播短视频系列节目《文化三秦行之"奇妙博物馆"》等。2016年起,陕西新闻广播开始以世界非物质文化遗产"古琴"为主题元素进行文化宣推。先后举办

四届大型古琴雅集，推出了"古韵新弹 声动长安""高山流水遇知音"等多场大型演出，邀请了国内各流派古琴名家四十余位来到西安参加演出，并形成了"丝路琴韵汇长安"的古琴演出精品项目品牌，在国内外产生良好反响。同时，频率还推出了"美丽陕西在耳边""社区联盟""星空公益计划"等线下活动，依托陕西深厚的历史文化、红色文化及现代科技文化，以电波为载体构筑起一道靓丽的文化风景线，得到了广大受众与业界专家的一致认同。

四、以媒体融合为依托的新型传播样态探索

毋庸置疑，抓住全媒体时代这个大趋势，做好媒体融合发展这篇大文章，已经成为当下媒体工作者的共识。但是面对新型传播媒介，我们拿什么与之融合是需要思考的问题。我很同意任志宏先生前面所说的"内容生产依然是我们的灵魂与核心"。的确，拥有精品内容和市场份额的节目依然是我们的优势和重要资源。目前，陕西新闻广播生产的内容均可通过陕西广电融媒集团自有App——起点新闻、陕西头条、闪视频等对外传播；陕西新闻广播也已入驻微信、微博、抖音、快手、企鹅号、视频号等多个新媒体平台；广播节目也通过学习强国、蜻蜓、云听、飞扬FM等多个App进行网络实时直播并支持回听，形成强大的集群式传播效应。

媒体融合是时代所向、大势所趋。从"纸与笔""铅与火"到"光与电""数与网"，谁能把握机遇、应对挑战，谁就能在历史大势中勇立潮头。在媒体融合的进程中参与进去、运用起来，我们就能不断扩大主流价值影响力版图，塑造主流传播新格局，推动媒体融合不断向纵深发展。

未来，我们还将打造有声产品专属网络平台，建立大众朗读可交互平台，打造全链条传播矩阵，不断探索新型媒体融合发展之路。陕西广播电视台新闻广播继承延安新华广播电台和西北新华广播电台的红色基因，栉风沐雨，不断前行。展望新时代传播格局，我认为，广播以其伴随性、贴近性、即时性和交互性等多重优势，依然会是最受欢迎的媒体之一。作为新时代的广电媒体人，我们将以"舍我其谁"的使命和担当，扎根本土，勇立潮头，以匠人匠心的姿态，用情用心讲好新时代中国故事、讴歌中国精神，努力向世界展现可信、可爱、可敬的中国形象，为全面建设社会主义现代化国家贡献力量！

（发言嘉宾本人供稿）

具有西部特色的播音与主持艺术专业建设

◎ 朱晓彧*

尊敬的各位专家、各位同学,早上好,我今天汇报的题目是《具有西部特色的播音与主持艺术专业建设》。陕西师范大学播音与主持艺术专业于2000年经教育部批准成立。本文将呈现该专业20多年来的发展脉络。本专业依托于古都西安深厚的人文底蕴和学校中文专业、世界双一流建设学科、教师教育特色,致力于培养具备新闻传播学、语言学、艺术学等多学科知识,厚基础、宽口径,具有较强语言技能和艺术素养的复合型语言传播人才。20多年来,已为社会培养专业人才900余人,广泛分布于国家、省、市、各大媒体、高等院校、党政机关和企事业单位,毕业生获得国家级、省部级专业比赛和相关荣誉200多项,获各级各类的国家级奖励有50多项。刚才呈现的是我们部分毕业生的工作照,目前他们在央视、央广和多个省市广播电视台及官方的网络平台努力拼搏。下面我将从西部特色这个角度对专业进行介绍。

一、扎根西部,以本为本

一个专业的特色离不开所在学校的定位与特色。作为教育部直属国家211工程重点建设大学、国家教师教育985工程优势学科创新平台和世界一流学科建设高校的陕西师范大学,坚持以本为本,推进4个回归,不断提高人才的培养质量。依托于学校实施的拔尖创新非师范人才培养计划,播音与主持艺术专业成为学校由20个各级各类实验班建成的人才培养特区中的一员,基于交叉融合、综合创新的理念,大力推进新文科建设。播音与主持艺术专业从建立开始便面向全国招生,生源范围涵盖大部分省市、自治区、直辖市。我们坚持深入开展课堂革命,以赛促教,提升教学质量。学校构建了全方位的教师赛教体系。多年来在历次赛教活动当中,播音系教师成绩优异。青年教师李梅,2022年刚刚获得了第二届全国高校课堂创新大赛术科组一等奖。通过多轮次的培养方案修订及课程提升改革,我们涌现了一批备受学生好评的优质课程,如"演讲与口才"为首批陕西省高校培训示范课、陕西

---

* 朱晓彧,陕西师范大学教授、播音与主持艺术系党支部书记、播音与主持艺术专业学科带头人。

省高校教师教育类在线开放课程。目前该课程在中国慕课平台上运行，被教育部国家高等教育智慧教育平台录用，面向全国开放使用。我校余海龙老师将在分论坛当中向大家做详细介绍。

二、依托西部，健全媒体实践育人体系

多年来，我校的播音与主持艺术专业和西部主要媒体都建立了密切的联系。在与一线密切的合作当中，本专业基于全媒体化的实践教学改革主线，创建了以学生发展为中心的全媒体、多举措、开放型播音与主持艺术专业实践教学模式，形成了应用型人才培养实践教学体系和知识素质能力评价体系。依托于国家级跨学科复合型人才培养模式创新实验区和国家数字媒体实验中心等多平台的支撑，打破院系的壁垒，实施跨学科跨专业的培养思路。本专业学生可以选修其他学科的课程。我们积极进行实践教学的创新探索，成立了多班次的由其他专业学生组成的实验班，按双学位形式培养，效果良好。

2017年，在全媒体背景下，播音与主持艺术专业实践教学模式创新与实践获得了陕西省教学成果二等奖。在教学中，我们创新性地进行了直播教学，模拟现场连线、实地报道、模拟仿真实验室等形式，并逐步建立了专业实践教学新体系，以学用结合的专业见习为突破口。我们在三年级设置了为期一周的校外专业见习活动，从选题策划联络到采访设置，都由学生独立完成，并在之后进行作品的统一展映，以学生作品案例为主，展开实践课程教学，用作品形式提高学生的学习兴趣和主动性，以学练结合的学生社团为依托，以学赛互促的专业比赛为平台，做到实践训练四年不断线。

依托于本专业的朗诵艺术团、谈弈辩论社、解说艺术团、演讲与口才协会等社团，开展常规化的训练和赛事化训练。学生实践教学成果丰富，创作的播音主持专业作品500余部，获得国家级、省级、市级和行业竞赛奖项200余项。在刚刚结束的第十八届中国国际动漫节声优大赛中，我校的学生团队获得了全国亚军和全国十佳声优团队。我们致力于全面培养学生的全媒体融媒体意识，带领学生在一线主流媒体平台进行创新性探索、创造性表达。播音系师生与中国青年报、学习强国、中国教育电视台等众多一线的主流媒体对接，合作完成了一系列品牌化的全媒体产品，并带领学生深入基层的融媒体中心开展实践教学和调研，了解掌握县域融媒体中心发展和建设情况。

三、凝聚西部资源，拓展教学科研领域，形成特色

我校位于西安，地处祖国的西部，有着非常丰厚的历史文化资源和红色资源。多年来，陕西师范大学播音与主持艺术专业团队不断从这些资源当中寻求探索教学和科研的方向，依托学院科研实践平台产出了一大批成果，播音教师团队承担的各级教学科研课题，有三分之一都与西部资源有关。我们的研究内容聚焦于本体性研究、学科归属、节目主持人研究等。

播音主持艺术系有两个校级的研究中心和两个院级研究中心，依托四个中心带领学生开展科研训练，孵化学生科研和实践项目。播音与主持艺术系党支部与陕甘边区革命根据地的照金纪念馆、刘志丹干部学院共建共产党员艺术化形象语言展示实训基地，结合专业课实践，实地开展课程思政，引领学生运用艺术化语言传播红色文化，传承革命精神。

在服务西部的过程当中，团队主要在教师口语能力提升、青少儿口语素养教育与能力提升、普通话推广与乡村振兴、医疗健康语言服务、应急语言服务等领域深耕。原创儿童广播剧《埙娃传奇之神奇魔怪》《四宝访长安》就是以半坡文化为背景，用秦岭四宝动物形象串讲陕西地域的文博故事。儿童口语素养教学师资用书《儿童口语素养学习与教学指导》已经出版；与陕西省朗诵协会合作出版的教材《朗诵》成为陕西省社会考级书目；还有面向从幼儿园到中学、大学的全系列语言指导系列用书，包括《教学法分级指导教程》《经典诵读》等，都已经进入了排版印刷阶段，即将问世。其中，青少儿语言表达教学法是国内第一本从教学法的角度关照青少儿语言教学的专业图书，填补了国内此项领域的空白。

四、服务西部，实现国家级平台的辐射与引领

作为西北地区唯一的播音与主持艺术国家级一流本科建设专业，多年来，我们专业接收了西藏民大、青海师大、内蒙古师大等高校的40多名学生进修学习。我们的毕业生有90多位进入了国内，特别是西北地区多所高校任教。

陕西师范大学国家语言文字基地承担着语言文字推广的重要职责，如推广普通话、开展经典诵读、送教下乡等多项工作，都是以播音专业的教师为主体完成的，师生依托项目，通过多种形式对新疆、内蒙古、甘肃、西藏等地少数民族地区的学校开展语言教学，完成了内蒙古三科教师语言培训，推普扶贫，并推广了童语童音项目，

其中对口支援甘肃临夏州东乡县的国家通用语言文字推广普及和助力脱贫攻坚的工作受到了教育部的表彰。2018年，教师口语中心承担了中国基础教育质量监测协同创新重大成果培育项目——基础教育端口语监测指标工具与评分标准的研制。师生以项目为基础，在采样研究的基础之上，积极开展面向西部地区中小学幼儿园的语言培训工作，进行国家语言文字基地大中小一体化的服务与引领，目前已经建立了28所合作院校，所编写的教材已经率先提供给陕西地区多所学校作为社团用书，其受训的人数已经达到了3000多人。

我们主办的"卓越之言杯"陕西省校园经典诵读大赛，每年一届，已形成品牌。2018年一个周六的下午，同学们在雁塔区"残健同行"残障服务中心与20多位残障朋友一起诵读，度过愉快的时光。这样的画面还出现在志丹、柞水、铜川、延安、洛川、榆林、安康、照金的田间地头和革命遗址，出现在陕西好人榜、中央电视台五月的镜头中、舞台上。了解国情，服务社会，是最好的思政课堂，让公益服务、爱国奉献、诚信友善、助人为乐的观念，深深地植入学子们的心中。多年来，播音与主持艺术专业的教师团队为社会提供各种各类的语言类培训讲座服务，师生参加国家、省、市、校各级的演出达到千余场。西部特色在精神层面的意义就是西部红烛精神，它是伟大的民族精神和时代精神，在我校的具体体现是爱国的精神、奋斗的精神、坚守的精神、奉献的精神。

感谢今年的论坛能够在陕西师范大学举行，让我在这里有机会向全国的同行朋友介绍我们的专业，但用短短的15分钟介绍一个专业20年来的发展建设是一件极其困难的事情，实在是挂一漏万。我在准备汇报的时候，回想专业从申报建设到目前的发展努力，一步步如影像般在我的脑海当中闪过，这里凝聚的是我们整个团队20多年的坚持与奋斗，是学校学院的倾力支持与支撑，是一届届优秀的毕业生用他们的成绩对专业的加持，是兄弟院校的专家老师们给予我们的鼓励肯定和认可。在这里再一次深深地表示感谢，谢谢大家。

（整理｜陕西师范大学新闻与传播学院 张泽宇）

播音主持史论与教学研究

基于空间认知的高校艺术类专业混合式教学实践及人才培养路径
——以播音主持艺术专业为例

◎ 王 婷*

摘要： 伴随着疫情防控的常态化，混合式教学已由疫情阶段的应急之举，转变为后疫情时代高校教育改革的"新常态"，这种混合了传统意义上的课堂教学与现代信息技术融入的在线教学新模态，不仅突破了线下线上教学的物理空间边界，更给以线下面对面授课为主要教学特征的高校艺术类专业的传授关系、能力资源、实践模态及人才培养观念等带来了深远的影响和新的挑战。本文试图以线下线上混合式"空间"作为研究切入点，以播音主持艺术专业作为高校艺术类专业混合式教学的研究范本，结合疫情期间艺术类专业混合式教学难点，旨在透过混合式教学空间的转换外延，以新文科建设为契机，重新审视互联网+教育背景下高校艺术类专业所面临的新的教学关系、教学资源和教学主体，并分别从教学空间、实践空间和能力空间三个层面探索后疫情时代高校艺术类专业在教学方式、课堂建设及人才培养观念等方面的教学实践和人才培养创新策略。

关键字： 混合式教学，高校艺术类专业，播音主持艺术

一、混合式教学：高校艺术类专业的变革之需及挑战

混合式教学，最早是由库尼（Cooney）等人针对学龄前儿童教育研究提出的[①]，是"基于移动通信设备、网络学习环境与课堂讨论相结合的教学情境"[②]，通过借助现代教育技术等多种手段，"对传统教学资源进行优化组织、整合、呈现和运

---

* 王婷，中国传媒大学国际新闻学博士，深圳大学教授。
① 程泳洁，吴美玉，张慧仪.国内外高校混合式教学现状调查研究[J].公共英语教育，2020（15）：101.
② WASOH F.Exploring the Roles of Blended Learning as an Approach to Improve Teaching and Learning English.[EB/OL].(2016-11-17)[2023-01-03].http://web.a.ebscohost.com/ehost/pdfviewer/pdfviewer?sid=27144a22-f991-47c4-a39e-94160e6ce0a9%40sessionmgr4007&vid=0&hid=4214，2016-11-17.

用,并将传统面对面的课堂教学、实践实操教学与网络在线教学进行深度融合"[1]的一种教学模态。2020年,新型冠状病毒肺炎疫情爆发后,混合式教学成为非常态突发情境下高校应急性变革的重要策略和手段。调查研究表明,76.5%的高校教师愿意在疫情发生后采用"线上+线下"混合式教学,45.9%的高校教师愿意继续采用线上教学,而不愿意采用线上教学的高校教师只占23.1%。[2]

但是,对于以线下示范教学、面对面辅导训练以及集体线下实训为主要教学和实践特色的高校艺术类专业来说,这种在线学习与面授教学相结合的混合式教学模式,无疑也给传统的艺术类专业课堂教学和艺术人才培养带来了更大的挑战和更深层的变革。

相比于高校其他艺术类专业,发端于20世纪60年代初、以影视传媒艺术和新闻传播为主要学科依托、以科技和传媒业发展为重要推动力的播音主持艺术类专业,伴随着近年来媒介融合和人工智能的迅猛发展和广泛介入,无论在人才培养理念创新,还是课堂教育教学改革方面的呼声不绝于耳:一方面,新媒体网络终端多元的信息输出平台以及丰富的全媒体表达语境,亟须有能与之相适应的多媒体化、个性化和复合型的传媒人才,而基于传统媒体特点和受众需求构建的播音主持课程无论在教学内容设置、人才培养模式还是实践实训等方面都有明显的滞后性;另一方面,与其他以理论为主的高校艺术类专业课程相比,播音主持类课程的授课内容更强调实操性,不仅需要学生在镜头话筒前进行反复练习,而且其专业内涵所涉及的采访、编辑、报道等综合传媒素养对于教学实践的时间、场地、技术保障等也都有较强的依赖,因此受到诸多空间、技术因素的发展制约,加之近年来播音主持专业招生火热与就业冷淡的矛盾不断加剧,以及网络主播生态的泛滥,越发暴露了高校播音主持类专业在教学理念、培养模式、实训效果等方面的问题和桎梏。

因此,播音主持艺术专业亟待打破传统的教学局限,借助网络及新媒体信息技术等更加灵活多样的混合式教育教学模态,进一步拓展专业发展空间;但与此同时,融合了互联网+在线信息技术的混合式教育教学模式,在打破传统教学时空边界的同时,也打乱了传统艺术类专业教学组织的惯性节奏,并由此暴露出了高校艺术类专业在疫情期间的混合式教学模式适应中的诸多问题:首先,网络在线空间的信息化素养亟待提升。相比于非艺术类专业和传统课堂授课模式,艺术类专业需要更为复杂的交互性授课元素支撑以及有效及时的反馈互动,但目前普

---

[1] 谭永平.混合式教学模式的基本特征及实施策略[J].中国职业技术教育,2018(32):6.
[2] 张倩,马秀鹏.后疫情时期高校混合式教学模式的构建与建议[J].江苏高教,2021(2):93.

遍使用的混合式教学平台无论从主观的操作设计、授课内容切换，还是客观的技术条件控制来看，都还无法充分发挥在线教学在艺术类互动教学方面的优势；其次，对于混合式教学空间的认知尤显偏颇。不少艺术类专业课程缺乏线上交互以及线下线上的教学衔接，依据网络平台特点的教学实践设计欠缺，在线空间的教学管理相对松散。

那么，在后疫情时代，当线上教学打破了传统课堂教与学的互动时空限定，迫使艺术类专业教学不得不改变原有线下示范和交互教学模式时，如何能够发挥线上线下教学的优势，推动高等院校艺术类专业的混合式教学发展？如何能够快速在网络空间中找寻到基于自媒体和网络平台特点的艺术类混合式教学实践新路径，进而探寻跨空间边界的高校艺术类人才培养策略？

二、基于"空间"认知的高校混合式教学新模态

法国现代哲学家列斐伏尔作为空间理论产生发展的重要奠基人，他认为空间"并不是一个抽象的名词，也不是通常的几何学和传统地理学的概念，而是一个社会关系重组和社会秩序实践性建构过程，是一个关系与生产过程化的动词"[1]。在他看来，空间不仅仅是"指事物处于某一地点场景之中的经验性设置，也是人类主体有意识的活动而产生的一种习惯实践"[2]。因此，从"空间"视角来理解混合式教学，并非只是线上线下单纯的教学场域、场景或课堂范围的转换更移，而是更强调了混合式教学"空间"结构中的关系隐喻及其主体间角色的空间实践性。由此看来，看似消弭模糊的线下课堂和教学空间边界，其实也在线下线上"空间"转换中重构起了一种新的教学结构，即一种基于"混合"的新的教学关系、教学资源整合以及学习实践主体认知。

混合式教学是新的教学关系。伴随着混合式教学中传统教室空间边界的打破，单一有限的线下课堂空间虽然得以拓展和延伸，但也使传统课堂中的"教"和"学"不再处于共同的物理空间和时空场域中。学生的知识学习"不再只通过教师传授得到，而是学习者在一定的情境下，借助其他人的帮助，利用必要的学习资料，通过意义建构的方式获得"[3]；教师也从原先"单纯的知识传递向知识、能力、

---

[1] 王戈璇.列斐伏尔与福柯在空间维度上的思想对话[J].英美文学研究论丛，2010(2)：353–355.
[2] 王戈璇.列斐伏尔与福柯在空间维度上的思想对话[J].英美文学研究论丛，2010(2)：353–355.
[3] 肖思为.移动优先导向下播音主持专业全景浸入式在线教学实践[J].传媒，2020(16)：84.

素质的全面培养转变"，从原先注重"教了什么"到更加关注学生"学到了什么"，着重引导学生进行自主探究式与个性化学习①，使学生从"被动信息接收向主动意义建构转变"②。比如，播音主持专业课"现场报道"的线上教学，要解决既缺实际"现场"，也无法即时"报道"的矛盾，让学生先依据老师布置的报道主题，线下自主选择现场报道内容、报道地点及报道对象，并在线上提交初步的现场报道策划文案；教师则依据学生报道文案中的问题，在线上授课中重点推进课程大纲所涉及的现场采访、细节挖掘、报道逻辑和文本结构等教学内容；然后再通过线上模拟"演播室连线"的即时考核让学生体验"现场报道"的拟态语境和报道实态，整个过程体现出从传统的"你传我授"到师生"协作交流"的一种新的师生学习共同体和传受关系，也体现了建构主义"以学习者为中心"的现代教学观念。

混合式教学是教学资源的有效整合。与传统的教学模式相比，混合式教学不仅充分体现了互联网所倡导的共享精神和资源整合优势，而且能够将分散在不同空间、不同时间的优质教学资源整合到一起，实现优质教育资源的全民共享和拓展延伸③。一方面，新媒体平台进入传统课堂更有助于校内外教学资源的整合运用及即时互动，提高了社会教学资源的整合效率；另一方面，多媒体平台提供了更加多元的线上实践空间，有利于线上线下显性课堂与隐性课堂的多平台资源及其实践功能融合，可实现在无实体课堂和演播室演练下的网络教学效果最优化。以播音主持专业必修课"节目主持"为例（作者主讲的"节目主持课"获得2020年广东省本科高校在校教学优秀案例一等奖），在借助中国大学慕课（MOOC）、优课联盟、学习通等所提供的线上精品课音视频及图书资料资源的同时，充分调动在线空间广泛的社会教学资源，线上邀请来自中央省市媒体，甚至在英国路透社等媒体实习的记者及新闻评论员等共同参与网络平台的节目主持直播教学；并借助腾讯会议直播平台、班级微信群、课程专属公众号等多媒体传播平台，将线上显性课堂的讲授点评与线下隐形课堂的互动讨论及主持作品呈现同步结合。整合校内校外、线上线下教学资源，既便于教师快速搜集利用相关教学信息，延展教学空间，也有助于实现更快捷更全面的教学资源共享。

混合式教学有助于提高学习实践主体的认知。混合式教学在为艺术类专业提

---

① 中教全媒体.教育部新闻发布会上吴岩司长SHOW出中国高教在线教育"国际范"[EB/OL].（2020-05-15）[2022-03-03].http://www.cedumedia.com/i/27340.html.
② 肖思为.移动优先导向下播音主持专业全景浸入式在线教学实践[J].传媒，2020（16）：84.
③ 钟秉林.互联网教育与高校人才培养[J].中国大学教学，2015（9）：4.

供更加多元的实践空间的同时,也凸显了学生作为学习实践的主体性角色:从线下演播室到线上虚拟课堂,跨越地理和课堂边界的多元实践平台以及借助全媒体融合渠道的音视频表达手段,使学生可以根据自身条件、学习兴趣和获知需求自由选择实践场景。因此,作为混合式教学的主要承担者,教师对混合式教学的认知除了关注教学的高效率和便利性等方面之外,更应该关注并支持学生在线上线下教学空间中获得更好的学习体验。这在很大程度上不仅"取决于教师的态度和能力准备,更取决于教师如何从传统的面对面课堂的角色过渡转化到混合式教学所需要的更为复杂的角色"[①],以及教师对学生在现代艺术教育生态中的学习主体性、主动性和自主性方面能够给予充分的关照和鼓励,由原先作为知识传授和学术权威地位的主体角色,逐渐转为学生学习实践的引导者、协作者,甚至是共学者。

三、高校艺术类专业混合式教学实践及人才培养路径

基于"空间"认知的艺术类专业混合式教学,映射了近年来艺术传播从传统媒体到网络社交平台的转换语境,更需走出线上线下艺术类专业教学及实践的物理范围局限和思维桎梏,不止聚焦于"以空间拓展为特征的外延式发展",探索混合式教学带给艺术类专业"以高质量和优化结构为核心的内涵式发展方向"[②],这主要体现在教学空间、实践空间和能力空间三个层面。

(一)教学空间:以学生为主导的导入式教学

导入式教学是重要的课堂教学开启手段,尤其当面临新的教学平台和教学情境时,运用灵活多样的教学导入方式,能较快将学生代入与教学目标和教学任务相适应的学习情态中。在混合式教学中,以学生为中心的导入式教学体现为学习自主权导入和问题任务导入,即把部分学习内容的主导权、选择权交给学生,让学生带着问题或任务去学习。

相比于以往的教学模态,艺术类专业的混合式教学面临的首要难题就是缺乏现实即时的课堂互动情境和有效的线下课堂监督机制,加之在直播教学中,具有现时示范连贯性的教学内容常常会因平台卡顿无故中断,更增加对课堂互动性、

---

① 冯晓英,王瑞雪,吴怡君.国内外混合式教学研究现状述评——基于混合式教学的分析框架[J].远程教育杂志,2018(3):13-14.
② 赵应生,钟秉林,洪煜.转变教育发展方式:教育事业科学发展的必然选择[J].教育研究,2012(1):32-38.

体验感及师生交流效果的干扰和影响。因此，教师需要从混合教学的开启阶段，就让学生了解并跟随课程节奏，帮助学生形成学习动机，通过精心设计的问题导入使"传统课堂满堂灌的'单声道'变为互动式的'双声道'"①，从而改变在混合式教学中学生主动性和参与性不高、认知交互度不足等问题。比如，深圳大学播音主持专业的必修课"节目主持"在开课前一周，曾对学生学习兴趣进行了网上征求调查，结果发现60%—70%的学生希望了解并掌握更多有关Vlog短视频制作的内容。为此，教学计划根据学生的求知欲望，临时调整并补充添加了Vlog短视频的发展历史、现状及主持人Vlog典型案例讲评；教师在授课过程中还通过一系列课堂讨论不断启发跟进教学任务，如举例说明专业主持人的Vlog和普通网民的Vlog的区别？Vlog和现场报道的异同？当Vlog遇上新闻，传统的现场报道会有怎样的改变？这些问题的线下提前导入既给线上讲授预备了更多互动讨论的空间和话题，也引导学生们在线下主动查找相关资料和相应的案例来佐证并在课堂上分享。通过线下问题征集及问题导入——线上师生共答——线上问题再提出——线下问题再求解的师生交流答疑互动机制，将"以学生为主导"的教学逻辑融入课程问题设计和讲授节奏中，虽然没有了传统课堂的面对面交流，但同样也会提升课程内容的思辨探究和互动性。

（二）实践空间：以成果为导向的实践链构建

高校艺术类专业教学通常具有较强的实践性，而播音主持类课程的教学实践则更具成果导向性。成果导向教育（OBE），是1981年由史派迪（Spady）率先提出的，意欲反思教育的实用性及教育成果的重要性，因此在教学设计和教学实施目标中更强调学生通过教育过程能实现的成果，而不仅仅是知道了什么，并最终以学习成果为起点，反向进行课程设计和开展多样的教学实践活动。②从大的实践成果作品类型来看，播音主持类课程可分为新闻类、综艺类、体育解说和口语传播等；如果细分，又可以从新闻访谈、说新闻、现场报道、新闻评论、新闻播报等不同方面来聚焦和强调新闻实践的成果内容，因此，对于播音主持艺术专业的混合式教学来说，以成果为导向能够指导协助学生完成不同类型的"节目主持作品"或"语言表达作品"作为课程内容设计的起点，使学生浸润在模拟的节目作品创作情境中，体验实践，并不断提升从幕后策划到在镜头前主持不同角色的综合能力素养，

---

① 中教全媒体.教育部新闻发布会上吴岩司长SHOW出中国高教在线教育"国际范"[EB/OL].(2020-05-15)[2022-03-03].http://www.cedumedia.com/i/27340.html.
② 成果导向：什么是obe教育理念？如何利用成果导向教学[EB/OL].(2019-09-04)[2023-01-03].http://www.360doc.com/content/19/0904/22/11646305_859166604.shtml.

从而构建一个以成果为导向的教、学、练一体化的线上线下实训学习链。以播音主持专业的"新闻访谈"课程为例，其成果导向目标是引导学生制作一期完整的线上即兴访谈节目，为此，课前，提出有针对性的成果完成任务及目标，确立各个访谈小组成果实现的基本策划方案；课中，结合各组策划的方案实施，进行个性化、差异化的创作指导和观摩讲评讨论；课后，则利用各种社交平台和在线社群答疑，鼓励学生将学习心得、成果创作过程及实践作品在线呈现。在整个混合式教学中，借助于线上线下两个教学实践空间的有机融合，老师通过确立挑战性的成果方向，提出成果建议，指导成果策划，协助指导学生在作品完成过程中充分理解作品的完成逻辑，让学生从原先单纯的现场"访谈主持"拓展为对策划、采访、编导、文案创作者等多元角色的实践，充分体验一档访谈节目从幕后策划到镜头前主持的全过程。（如图1）

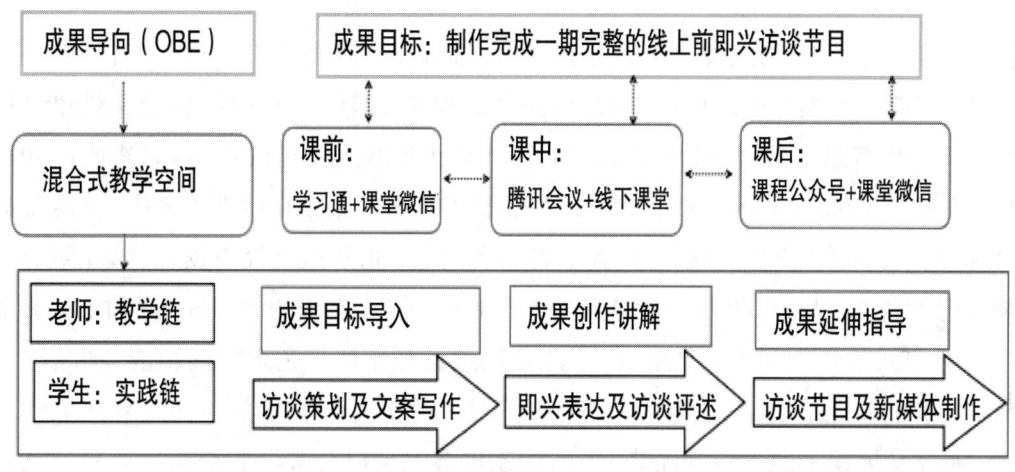

图1 播音主持专业"新闻访谈"课程以成果为导向的实践链构建

（三）能力空间：以话语为核心的多元表达内涵融入

播音主持艺术类专业的混合式教学不仅打破了传统线下课堂的时空限定，而且突破了传统教学中以演播室为主要实训场域、以有限范围内的示范演练为主的表达时空，建构了以网络平台为主，课堂、社会、新媒体三融合的教学情境和语言素养实训平台。因此，运用混合式教学创新播音主持艺术人才培养模式，需要跳出单纯的语言授练范畴，借助线上线下多功能平台空间，打造以话语能力为核心，与社会环境、新媒体语境相融合的多元语言信息输入和复合型语言传播人才实训体系。一方面，播音主持类课程的话语实践需要与时政热点、社会文化语境相融合，保持语言表达教学的社会时效性和新闻敏感度；另一方面，要积极探索基于自媒体和网络在线平台的多重话语输出方式的实践教学，在强化传统有声语言培养优势的基础上，借助混合式教学的空间转换，把播音主持艺术人才培养的语言传播内涵从传统媒体表达空间向全媒体传播和话语实践空间延伸，并能融入全媒体话语传播实训中。比如，播音主持专业选修课"电视节目策划"[①]会将国家相关政策法规及传统文化传承等内容有机融合在短视频节目策划的主题选取、评论角度确立以及主持思路设计中，同时也鼓励学生结合策划文案，将文字图片和最终的策划作品制作为公众号推文，实践全媒体表达思维，为学生适应新媒体传播生态提供混合式表达实训空间支撑。

结　语

混合式教学是信息技术与高等教育深度融合的产物。在互联网+教育的后疫情时期，高校艺术类专业应以在线教育从应急到常态的转化为契机，在新文科建设和教育信息化背景下，从混合式教学线上线下空间拓展的外延认知，探索空间认知背后深层融入的高等艺术在线教育的质量提升和结构优化：在教学关系中，从传统的"你传我授"到"协作交流"；在教学资源利用上，充分运用校内校外、线上线下、显性隐性课堂相结合的多师多平台艺术资源；在学习实践的主体间角色中，凸显学生在混合式教学空间中自主性、积极性和创造性的主体性艺术实践功能及价值。为此，艺术类专业的混合式教学更需突破传统艺术类专业教学的空间边界和思维局限，充分发挥线上线下教育优势，重新构建集多平台混合教学和全媒体艺术实践相融合的新的教学实践和艺术人才培养空间，如在教学空间方面，通过学习自主权导入等教学设计因势利导，构建启发式、思辨式、开放式互动协同教学和艺术人才培养空间；在实践空间方面，借助线上线下多平台艺术实践功能，形成以成果为导向的教、学、练一体化的实训链；在能力空间方面，探索基于自媒体和网络平台的艺术表达及话语实践新模式，在构建"三全育人"的大格局下，开拓以网络平台为主，课堂、社会、新媒体相结合的多元教学情境和复合型艺术类专业人才培养路径。

---

① 作者主讲的"电视节目策划"课被评为广东省线下一流本科课程。

播音主持专业培养"中之人"的路径探索

◎ 吴 胜 王 慧*

摘要： 互联网时代下，偶像虚拟主播日渐兴起，形塑出越来越多借助于技术的传播主体，数字虚拟主体在如今的媒体行业中变得越来越重要。其中，借此发展并隐身其后的实体真人——本文称之为"中之人"，不仅在央视冬奥会上大放异彩，而且在近年来国内外游戏、社交、动漫等多种平台上更是广受欢迎。本文通过对"中之人"的溯源、角色定位、职业要求等要素进行分析，揭示其与当下播音主持专业人才培养的诸多共通之处，提出并展望播音主持专业在未来虚拟主播行业中培养"中之人"的优势与不足，以期对该学科发展和人才就业起到一定借鉴作用。

关键词： 虚拟主播，中之人，播音主持人才培养

互联网发展进入21世纪，从"深蓝"到"阿尔法狗"，再到今天的虚拟主播，人工智能逐渐进入各个领域。但是真正的以人工智能为主体的虚拟主播，在算法和硬件技术方面仍存在大量问题。①于是以数字虚拟动画形象为外壳的"中之人"便应运而生。"中之人"，这个词汇来自日本，指所有虚拟主播（Vtuber）的配音员，也可以特指"新科娘"的最新一任配音。②Vtuber是由 Virtual YouTuber 缩写而成的新词。"中之人"用来指代在某些视频网站上，为原创的虚拟人物进行配音，并上传动画短片，或者进行直播活动增长人气等，以此来经营原创的人。

一、虚拟主体背后的"中之人"的发展历程

虚拟主体的"虚拟"概念是相对于三次元世界而言的，并非因为近几十年的科技进步才出现的。最初在17世纪，人们使用机器模仿人的声音和乐器声，还用管风琴模拟人声。19世纪，就已经研发出了可以模拟人声的自动演奏乐器

---

* 吴胜，副教授，陕西师范大学新闻与传播学院播音系副主任；王慧，陕西师范大学新闻与传播学院硕士研究生。
① 李颖.人工智能技术在播音主持领域的应用[J].中国广播电视学刊，2008（11）：80-82.
② 百度百科.中之人[EB/OL].https://baike.baidu.com/item/中之人.

Panharmonicon。与此同时，苏格兰科学家戴维斯·布鲁斯特研制出了透镜式立体镜，其能产生3D成像效果。之后电影的出现，让其陷入沉寂状态。近些年，随着VR技术的出现，虚拟人才慢慢重新出现在人们的视野中。[①]在这之前，电脑技术音乐大师麦克斯·马修斯在1961年就已经通过电脑研发出了模拟人声来演唱歌曲的技术，这可以看作虚拟歌手的雏形。

进入21世纪，在数字虚拟技术动画和CG的驱动下，虚拟主体演化出多种身份和角色，虚拟明星角色纷纷登场，如虚拟歌姬、虚拟偶像、虚拟乐队、虚拟说唱歌手、虚拟演员等虚拟主体纷纷出现。这些虚拟主体的背后，基本有真人声优配音。这个时期的"中之人"，是通过人物建模等技术模拟背后真人的动作表演，加之真人声优配音，其主要工作是作为幕后的配音员。日本声优的历史可以追溯到1925年东京放送局。现在，日本声优已经延展成为一个跨领域发展的文化产业，如日本的人气偶像木村拓哉、岚等为各种虚拟偶像进行配音。虚拟主体在日本发展得如火如荼，同样也把这股风吹到了中国，以中国哔哩哔哩平台作为中心点向外散发，如中国的虚拟偶像洛天依、曲大师等二次元虚拟艺人。最开始这些"中之人"前期只是作为声音的录入。而在第二代数字虚拟人更迭的潮流下，"中之人"不仅需要更高的声音要求，同时还需要穿戴相应的工作装备，如动作捕捉器及面部表情捕捉器。冬奥会期间，朱广权和手语数码人共同播报新闻的场景就是其中的一个代表案例，即通过声音和动作的同时捕捉，构建出如现实中存在的人一样。如今进入三次元世界，数字虚拟主体催生了更多立体式的角色，如虚拟演员、虚拟歌手、虚拟主持人、虚拟模特等。这些虚拟数字角色的构建，让我们如今的各行各业都有了新的尝试，开启了与数字媒介等新兴领域的合作。

二、"中之人"的角色定位

以互联网环境为背景的数字虚拟主播，实际上正在经历三个基本发展阶段。我们的终极目标是第三代数字虚拟人——AI驱动，但这三个阶段的虚拟主播几乎是叠加出现在各种媒体上的。今天看到的以动画、CG驱动的虚拟人是第一代数字虚拟人，而第二代数字虚拟人以数码人为形象，其背后的语言和行动靠"中之人"来驱动，其角色定位也更加鲜明。

[①] 林阳，徐树华.新技术环境下新闻节目播音主持的创新路径[J].现代视听，2020（5）：66-69.

(一) 虚拟下，更像人，超越人

在虚拟主体成功的背后，是"中之人"的艰辛努力。"中之人"力图使自己配音的虚拟主体更加真实，更加像人，甚至超越人，这中间需要他们克服技术的障碍，适应多语种的表达，使虚拟主体与真人并无差别。我国动漫史上首位虚拟演员虚拟鹤追，她在超神学院登场的时候，如似真人，坐姿端庄，问题对答流利自如，可以说笑就笑，说哭就哭，甚至还可以跟提问的人开玩笑：比如回应"我等你哟"。此刻，3D漫画里僵硬的肢体缺陷被根除，人声也在此刻表达到了极致，她是由云鹤追配音完成的，"中之人"的身份在虚拟鹤追的身上展现了专业的一面。这些配音员的生动演绎，在未来很可能会对现有虚拟主体产生天翻地覆的革新。

(二) 打破镜像，形象"贴地"化

虚拟主播的设计过程是指，需要站在工作室里完成一系列操作的工作人员，在身上需要佩戴相应的运动追踪器，然后再通过电脑将这些完整的身体动作记录下来，之后再投射到相应的动画角色中，最终完成虚拟形象的生动形象表达。在这个过程中，"中之人"要做的就是将动作的精细化安排跟声音完整贴合。在我国冬奥会举办期间，QQ炫舞官方代言人星瞳升级为花样滑冰选手，以虚拟偶像的身份与奥运选手进行了一场线上花滑运动，并在舒缓的音乐中与奥运选手一样呈现出专业且自如的姿态，她跟真人一样，共存于视频里的现实空间，打破了以往的平面镜像，让形象得以落地，并以一种更加饱满的形象出现在大众面前，这一举动不仅能赢得游戏玩家的喜欢，还使体育运动的IP化发展拥有更多可能。

(三) 角色替身下的声形合一

角色塑造的成功与否，需要"中之人"带入角色化心理，以更加平稳的方式演绎其配音的形象。在电影《星球大战：侠盗一号》中，创作者就借助虚拟技术复活已逝演员莱亚公主。技术的加持让她重返荧幕。作品中，有义军的指挥部里到处可见的电子光屏、帝国的机器人军团与各种先进的高科技设备等。而角色背后的"中之人"，只需要每次佩戴好装备配音，加之后期经过电脑技术的合成，就可以使虚拟角色得以复活。在未来，对于游戏开发、影视剧制作方面来说，虚拟角色的创发具有巨大的开发价值，伴随着相应的技术更新迭代，会为更多粉丝带来更多优秀作品。

三、"中之人"的职业语言特征

"中之人"作为新生的语言表达职业,必然有其固定的语言表现特征。在既要完成传播任务,输出信息,又要具有个性的人格化表达状态的同时,"中之人"的语言表现中至少应该包含以下几方面。

(一)表演与互动的追踪统一

在疫情大环境的影响下,各种线下演唱会跟见面会被无限推迟,这让粉丝与偶像明星之间的距离再一次被拉远了。于是,虚拟演唱会在这种疫情环境下诞生了。目前,常见的演唱会大致被分成两种:一种是全息演唱会,虚拟人需要在现场进行演出;另外一种则是AR增强现实演唱会,如邓丽君亮相演唱会,就是先构建出人物的虚拟模型,在请真人模仿邓丽君表演的同时,捕捉其面部表情、演唱姿态等动作细节,把收集到的素材数据添加到模型中。[1]韩国的SM和JYP公司联手通过流媒体平台,推出了一场虚拟线上演唱会"Beyond Live"。在虚拟演唱会中,歌手在演唱表演的同时,还会喊出粉丝的名字,或者用粉丝的名字为粉丝庆生,进行实时不间断的互动。演唱会期间,还会推出海外同步版本,为海外的粉丝演唱外国语言歌曲。在这样的风潮下,韩国还同步推出了数字虚拟艺术家,这些艺术家只存在于虚拟网络里中,数字虚拟艺术家的背后,都是由真人后期配音的,并且通过电脑技术,尽可能地使所创造出的形象与背后的"中之人"精确匹配,创造出具有辨识度的艺术家。在国内,歌手汪峰也曾举办虚拟3D演唱会,那个时候他本人承担了"中之人"的角色,佩戴好设备进入演唱会,同时,让观众也佩戴好VR一体机,使观众能够身临其境地参与幻奇界面中。由此可见,粉丝与偶像之间的情感距离和在虚拟空间里的距离被无限拉近了。

(二)话语互动中的平等追求

不同于以往社会性传播中个人始终处于客场的位置,扩展现实的新场景是个人的主场。[2]随着虚拟技术的不断发展,更多的博主或者用户将会转换成各种各样

---

[1] 胡小雅.虚拟成像表演的版权规制——以邓丽君20周年虚拟人纪念演唱会为例[J].河南科技,2008(9):26-28.

[2] 喻国明,耿晓梦.元宇宙:媒介化社会的未来生态图景[J].新疆师范大学学报(哲学社会科学版),2022(3):110-118.

的角色,存在于网络空间中。而在这个过程中,如果人类想要超越人的局限性,创造一些人类昵称跟头像的替身性角色,那么这个时候,虚拟角色会成为与人类互动的好伴侣,甚至会为相应的产业带来品牌价值。比如,在日本化妆品公司KAO的现场活动中,虚拟角色Mito出现在洗衣机的屏幕上,与现场的工作人员和观众进行实时互动。这背后的"中之人"将会内化成角色身份,为之配音,以可爱亲民的和谐语气为虚拟角色默默付出。同样,在我国,人气比较旺的虚拟角色有伊利优酸乳小优,它在商品售卖环节中,会为品牌方售卖货品,通过卡通形象的方式出场,为在线的网友讲解各种各样的疑难问题,还会与客服小姐姐们在欢笑中完成主线任务。小优在完成亲民任务的同时,也带来了利润的长尾转化。这个过程中的虚拟角色,以更加平等的姿态与身份和现实中的人类完成对话,最终实现了将现实表演者转变为数字明星。

(三)叙事化形象的真实复刻

在虚拟主体的身后,是由"中之人"来提供虚构主体这一角色的讲话内容的。角色的培养,需要技术跟"中之人"的跟进配合。在这个过程中,"中之人"需要把持相应的设备,懂得相应的跨专业知识,让自己时时刻刻处于一种与角色共生的工作状态。美国就曾在2015年推出虚拟芭比娃娃。最新的芭比娃娃不再是一个玩具,而是一个4.5英寸长的小设备,可以用一条数据线通过USB接口连接计算机。① 它以可爱甜美的女性形象出现,配合俏皮生动的声音。它主要以视频博客的身份,定期跟进相应的主题跟脚本,推出不同系列的作品,同时加之背后"中之人"的助推,完成与粉丝用户之间的对话。芭比娃娃形象的出现,让虚拟主体有了立得住的形象特征,虚拟在此刻已经变得不是那么重要了,重要的是虚拟主体的形象已经为全球的孩子们提供了一种全新的"芭比"形象。此外,这类公司还推出了各种各样同系列的线下实体玩具,做到了真正意义上与虚拟形象的一一复刻。日本作为游戏跟动漫领域的元老级选手,也在全球文化流动的过程中,推出了各种虚拟的角色形象,② 如电脑少女、神乐七奈等。这些虚构人物通过动漫的形象,加之温柔与甜美的真人声音,很快在世界范围内受到了不同程度的关注与欢迎。

---

① 刘华.芭比娃娃上网[J].发现,2007(10):27.
② 雷佳.打造市场化新媒体行业的全能明显——中国配音行业借鉴日本声优行业的基本路径[J].今传媒,2012(11):72-75.

四、寸长——"中之人"在播音主持专业中的培养优势

播音主持专业诞生于大众媒介的语境中，从20世纪90年代至今，经过近三十年的发展，其教育教学模式已趋于成熟，特别是在有声语言的运用方面，对于"中之人"的人才培养具有以下先天优势。

（一）规范、得体、准确的语言表达

播音员、主持人在上岗资格认证过程中，其有声语言必须规范、得体、准确。播音主持专业的学生未来要承担党和政府的喉舌工作，其语言表达所需达到的精准程度更是不言而喻的。"准确得体"不仅关乎其学生的学业成绩，而且紧密联系着学生的未来就业，因而成为每一个播音主持专业学生所必备的基本功。[1]"中之人"同样需要得体的语言表达能力。不论是政府、企业还是个人代表的虚拟主播，除了以近乎完美的虚拟形象示人之外，更需要用规范用语以及准确的表达语义。就"中之人"的工作需求而言，播音主持专业学生的语言培养模式会更加符合"中之人"的人才培养目标。

（二）良好的话筒前状态

话筒前状态是指播音员、主持人在话筒前（或镜头前）工作时的心理状态、生理状态，既包括表达内容时的语音、语态的现场表现状态，也包括对设备、场景、谈话对象、广大受众的积极熟悉与把控能力。[2]这种状态同样也是播音主持专业培养中的基本内容之一。"中之人"的工作状态尽管不必直接面对受众，但是以动作捕捉系统为媒介，同样需要和观众交流互动。播音主持专业人才仍需要有良好的话筒（或镜头）前的业务能力，面对话筒（或镜头）不紧张、不露怯。因此，播音主持专业学生的基本素养——面对话筒和镜头要保持"平常心"，在"中之人"的工作中也不可或缺。播音主播专业的培养方式和训练方式同样适用于"中之人"的人才培养。

（三）自如的人际沟通能力

"中之人"在完成工作的过程中，需要不停地根据角色的姿态动作进行语气语调的调整，同样也要根据受众的实时反馈进行相应的人际沟通，因此这需要有更

---

[1] 尹文君.新媒体时代播音员、主持人素养的提升[J].文化产业,2022(25):43-45.
[2] 林如.播音员话筒前状态[J].新闻与写作,1992(1):23-24.

加自如的沟通能力才能胜任这份工作。播音主持专业在这方面对学生同样有较高的要求，即播音员、主持人在表达时要有较好的"交流感"和"分寸感"。对于"中之人"的工作而言，完美的3D动画虚拟外壳的根本内在是人在其中发挥着重要的且不可替代的作用。人的情感交流和人际沟通能力永远会是该行业领域最宝贵且难得的制胜法宝，真情实感的流露永远比流于表面的情绪的渲染要更得人心。以播音员、主持人的训练方式来训练"中之人"的人际沟通能力，再结合不同的语境和谈话对象进行调整，一定会起到事半功倍的效果。

（四）声形俱佳的吸引力使"中之人"更具人格魅力

播音主持专业所需要的人才在声音呈现方面，尤其是在烘托相关气氛时，应该具备较强的业务能力，这些对于"中之人"而言同样也是如此。"中之人"在工作时需要佩戴相应的面部、肘部、腿部等捕捉设备，演绎的角色不能太拖沓，要轻盈地展现出角色的灵动感。尽管听众无法得知说话者的真实面容，但是说话者的声音感染力对听众而言也极其重要。另外，一部分"中之人"同样也会以真实面容示人，以增加其虚拟形象的欢迎度、吸睛度。因此，播音主持专业的人才选拔标准和培养方案中的"声形俱佳"与"中之人"的职业需求同样不谋而合。

五、尺短——播音主持专业培养"中之人"面临的挑战

尽管经过多年的发展，播音主持专业培养模式已趋于成熟，但是在网络时代，特别是进入21世纪后，新媒体层出不穷，原有语境与受众都发生了巨大变化。面对"中之人"这个虚拟人与真人的融合表达传播状态，传统播音员、主持人培养模式的短板也暴露无遗。[①]

（一）知识的跨专业与跨界短板

长久以来的"一专多能"并未落到实处，播音主持专业学生的知识体系欠缺明显。其中的"专"指的是播音主持的语言表达专业能力，而"多能"是指在广播实践中能够部分或全面地完成其他工种的工作（比如记者）。但是这种"一专多能"在课程设置上并没有体现出来，比如播音员、主持人是"党和政府的新闻工作者，党和政府的喉舌"，但是却很少有学校开设《政治学》《社会学》。对于未来的媒体而

---

① 高枫.微传播环境下播音员、主持人素养与能力培养[J].今传媒，2017, 25(5): 144-145.

言,跨界融合更加深入,亟须播音主持专业培养出跨界的播音员、主持人,比如"中之人"。"中之人"所面临的岗位绝不仅仅是某个个人的社交账号,为企业、政府、集体"代言"将是其未来的主流。

(二)体态的表演与表现不足

对于播音主持是否需要表演(或就是表演),在2010年前后播音主持学界曾有过一段时间的争论。时隔多年之后,尽管学界已经基本认同播音主持专业离不开表演元素,但是在播音主持专业的教学和实践中,表演仍然是短板。[①]其种种原因不一而足(比如课时量、师资),但根本源于播音员、主持人的专业定位本身就是大众媒介的语言表达者,对表演需求量并不多,导致表演元素并未沉淀到学生的基本技能中。然而"中之人"的工作却需要大量表演内容,甚至冬奥会宣传片中的虚拟人"星瞳"的表演就是由花样滑冰运动员的真实表演来支撑的。缺乏表演能力的播音主持人才,毫无疑问会在"中之人"工作中捉襟见肘,这也正是现在"中之人"从业者大多为具有表演背景的工作人员的原因所在。

(三)语言缺乏即兴组织能力

传统的播音主持学科体系是以大众媒介为基础建立的。在大众媒介中,播音员、主持人工作时大都是有稿的。播音主持专业的学生应具备即兴语言组织能力,在大众媒介中应努力做到"有稿播音似无稿"。[②]然而,久而久之,相当一部分播音员、主持人已经退化了自己说话的能力,即在网络平台上面对网友无法直接即兴组织语言进行表达,只能念稿完成信息传递。但是,在新媒体中,特别是技术设备能够支撑"中之人"大量进入自媒体时,播音专业人才在这方面的短板之所以会明显暴露出来,正是因为很多的交流和表达是实时进行的。当然,目前很多高校都已深度关注播音主持人才的语言逻辑和组织能力的培养。此外,大量的表演专业的学生进入"中之人"队伍中面临的问题远比播音主持专业的毕业生多得多。

(四)技术设备操控与应用能力滞后

多年以来,播音主持专业的很多学生的技术设备使用能力令人堪忧。播音主

[①] 余尚娇,赵雨尧.对于播音主持表演技巧培养研究[J].采写编,2021(5):78-79.
[②] 郭雨欣.审视与反思:"播音""有稿播音""无稿播音"概念新探[J].声屏世界,2016(12):29-31.

持专业长期以来,在技术条件变革下不断凸显学科短板。[①]先不说学生对音视频的拍摄、剪辑、播放的相关设备的使用能力如何,甚至有学生无法流畅使用自己手机、电脑上的各种应用软件。庆幸的是目前的"中之人"背后的工作有独立的技术团队在支撑,很多技术问题并不需要"中之人"自己动手。但是,未来,播音主持专业的人才在自媒体中成为"中之人"后,必然会直面多种设备的复合式叠加使用以完成元宇宙中的信息传播。在人类的脑机端口的无缝对接时代里(如电影《头号玩家》),每个人都是"中之人",每个人都有自己的数字虚拟人,就像在如今的抖音短视频中,几乎人人都是播音员、主持人,传统的播音员、主持人的培养模式,将再次面临新的考验。

小　结

在数媒时代,虚拟已经与现实达成一致。不得不说虚拟群体带给我们的惊喜数不胜数,因此,不管是虚拟人,还是"中之人",都将会为我们播音主持专业的人才培养方案带来一定的启发。相信在未来,我们的学科领域会出现更多优秀的"中之人"代表,又或者是其背后专业的技术团队,可以不断地为各行各业输送质优且高产的作品。

---

① 王彪,高贵武.反思、融合与重构——新文科建设视域下播音主持学科的建构进路[J].中国广播电视学刊,2023(3):74-78.

一流本科课程"演讲与口才"[①]建设的教学重构探索

◎ 余海龙[*]

摘要：时代对于中国的大学课堂提出了新的要求，全面建立一流本科课程，由国家意志正在变成高校教师的教学自我追求。依据陕西省省级一流"演讲与口才"课程的教学实践探索，提出重构教学理念，以分析学情为出发点，重构师生教与学理念，建立陪伴型师生关系，树立"试错"的学习观念，同时结合课程思政元素的挖掘和教学方式的创新做法，尝试建构"以学为中心"的一流本科课程模式。

关键词：一流本科课程，演讲与口才，"以学为中心"，教学重构

中国的高等教育已经由侧重规模式发展，转向为侧重质量式发展。全社会对于高等教育的深化改革发展都有了全新的需求。2019年10月，教育部正式公布《关于一流本科课程建设的实施意见》，可见这一举措是从国家层面对高等教育的专业课程建设提出了明确的发展方向。全国高等教育战线积极响应，按照教育部提出的一流本科课程建设的实施意见，对各类课程进行创新升级。在"办好让人民放心的教育"的时代背景下，一流课程的建设已经不是简单的申报认定，而成为全国高校对教育高质量发展的自觉要求。

"演讲与口才"是陕西师范大学的通识教育课，面向全校各年级、各专业开设。该课程的教学目标是，让学生通过学习，了解口语表达与沟通交流的基本理论知识，敢于当众开口表达，能够结合语境的变化，逐步获得良好、得体的沟通口语交流表达能力，让其口语表达能力，成为自身面对社会挑战的优势。在教学的过程中，本团队对标国家级一流课程的建设指标，积极探索符合本校特色的课程教学重构。

---

[*] 余海龙，陕西师范大学教师口语教学与研究中心副主任，演讲与口才教研室主任，播音与主持艺术系主持口语教研室主任，国家级普通话测试员，陕西省语言文字工作委员会专家组成员，讲师，主要研究方向为教师口语、播音主持、演讲沟通与交流。

[①] 本课程"演讲与口才"为2019年陕西省线下一流本科课程，本课程配套慕课（MOOC）"教师演讲与口才实训"为陕西省高校教师教育类在线开放课程建设，项目编号为JSMK1715，该课程在中国大学慕课平台运行多轮，目前被教育部国家高等教育智慧教育平台录用。

2018年11月24日，时任教育部高教司司长的吴岩在第11届中国大学教学论坛上做了题为《打造中国金课》的报告，报告中指出了高等教育中金课的"两性一度"标准，即高阶性、创新性、挑战度。高阶性是指知识能力素养的有机融合，培养学生解决复杂问题的综合能力和高级思维。创新性是指课程内容反映前沿性和时代性，教学形式体现先进性和互动性，学习结果具有探究性和个性化。挑战性是指课程要有一定难度，需要学生跳一跳才能够得着，对老师备课和学生课下实践有较高要求。"两性一度"标准，实际上成了一流课程建设的衡量指标。

受教育理念、教学手段、教师素养等因素的制约，传统的"演讲与口才"教学往往只是赏析他人良好的口语能力，而无法让学习者将知识转变为出色的口语表达能力。因此，在解决"演讲与口才"课程"高阶性"问题时，应重点研究如何让学生将知识转化成能力，进而培养学生分析问题和解决问题的思维能力。

此外，高校课程的教学内容设计，往往带有一定的滞后性，不符合"创新性"的要求。教师应探索融媒体时代如何及时在课程中加入反映前沿性和时代性的内容。同时，教师应采取互动性的教学形式，打破标准答案的观念，以课程内容和形式的创新性，促使学生更好地开展学习。

"演讲与口才"课程作为通识选修课，如何增强挑战性，是一个需要重点研究的问题。要打破学生长久以来"选修课就是混学分"的错误认知，适当增加学习难度，真正提升学生面对纷繁复杂状态的口语表达能力。

最后，教学者还应重点研究如何运用多种手段和方法增强本课程的亲和力，吸引更多学生参与学习、喜爱学习，让学生真正受益。

一、重构教学理念，关注学习者成长全过程

在教学中，教师要始终树立"以学生为中心"的教学理念，探索开展个性化教学，将学习者在学习全过程中的难点、痛点，作为所有教学活动的出发点。传统的课堂教学观念往往是要教给学生某种学习内容或者知识点，在此观念下的教师常常采取的教学手段就是满堂灌式的"我讲你听"。这种传统的教学模式与观念，忽视了教学是一种帮助学习者掌握学习内容，进而将知识转化成能力的社会活动。有学者提出，大学课堂教学应该是学生学习的过程；大学课堂教学应该是人才培养的过程；大学课堂教学应该是学术活动（科学研究）的过程。[①]因此，当代的大学

---

① 余文森.论大学课堂教学的三个"应然"[J]. 中国大学教学，2018(4): 4.

课堂教学理念和教学手段必须要创新。课堂教学中最为重要的观念就是，要将原本的以教师教为中心的教学，变成以学生学为中心的教学。"在教与学的关系上，要突出以学生为本。"①进而按照这样的观念，重构课堂内容和课堂组织形式。

在网络时代，计算机的普及，实现了知识和信息的广泛传播。普通人利用互联网便捷地获取知识，已经成为常态。在网络上获得某一特定学科的知识、学说、观点，已经成为越来越轻松的事情。网络改变着人类看待世界和自身的习惯。在此背景下，教师已经不再是知识的垄断者，如果还希望以单纯讲授知识的方法组织教学，必然难以引起学生的学习兴趣和学习热情，也难以提高学习者的学习效率。

（一）立足学情分析，明确学生的学习困难

不少教师在开展教学活动时，往往是按照教科书或者讲义的内容照本宣科，开展教学。特别是一些新入职的高校教师，因为缺乏必要的教学训练和教学积累，面对学生求知的眼睛，往往是手足无措的，不知道该如何组织教学。教师对课程所要教授内容的重点和难点并不清楚，当然也更不清楚学生的学习特质和学习困难。

以"学生为中心"的教学理念，其核心就是教师要以知识学习者的视角，重新思考和构建本门课、本节课、本知识点中的教学行为。教学不是教师"一厢情愿"地将已有知识照本宣科"讲"出来。教师在走进教室之前，应该明确地了解学生学习的过程中可能会遇到的痛点和困难。教师要认真开展学情分析，把握学生的学习特性，了解学生已经掌握了什么，没有掌握什么，希望掌握什么，掌握什么比较困难等一系列问题，将自己还原成学习者的身份，以"过来人"的身份帮助和指导学生学习。例如在解决学生"如何克服当众演讲时紧张的心态"时，教师向学生坦诚自己在学习演讲初期因为紧张所遇到的窘境，以轻松幽默的语言描述紧张所带来的问题。随后，教师结合自己的成长，分享当众说话逐渐不紧张的方法。这样的教学和辅导过程，有利于从情感上帮助学生克服紧张心态。

立足学生学情的同时，还要了解学生的学习特性，减少无意义的简单重复式教学。教师对于学生通过阅读教材及相关的参考文献就能弄懂弄通的知识点，在课堂上就不再重复。教师在课堂中，应重视学生所遇到的学习困难，关注学生发现问题和解决问题的能力。比如在"演讲口才"课中，对于"什么是演讲"这一核心概念，教师往往并不直接进行解答，而是进行小组化教学后，邀请各组学生代表上台

---

① 韩筠.创新教与学推动新时期高校教学改革[J]. 中国大学教学, 2017(6): 11.

陈述本组对于该概念的理解。不同组别的学生在上台展示的过程中，彼此相互补充、修正、提升，不仅能深化对概念的理解，而且能拓宽"演讲"概念的研究范围和领域。

（二）同步重构师生的教与学理念，建立学生自主学习意识

在目前高校课堂教学中，很多教师认同"以学生为中心"的教学理念，也积极开展教学探索，但在面对学生的"启而不发"、无人参与的安静课堂时，往往会感觉到束手无策和无奈，使课堂又回归到满堂灌讲授式教学。

问题产生的根源在于，教师更新了自己的教学理念，却没有及时调整学生的学习理念，也没有培养学生自主学习能力，使教与学没有做到"同频共振"。试想，从沉重高考压力下走过来、被应试教育的模式训练出来的学生，怎么会参与大学课堂的自主学习呢？教师在开展课堂教学改革时，没有培养学生的自主学习能力，就直接让学生进行课外自主学习、课内上台展示，这些习惯了"填鸭式"教学的学生肯定是无所适从的。因此教师要引导学生改变学习观念，将自主学习、乐于展示的学习习惯渗透到学生行动中去。在"演讲与口才"课中，教师除了阐释清楚自主学习的优点和方法外，还要采取多种形式鼓励学生自主学习，从机制上激励学生，改变他们被动学习的心态和习惯。

重构的关键在于培养学生的主动学习习惯，选择符合学生特点的方式开展教学。教师的教学改革万万不可操之过急，在给学生提要求的同时，还应该给学生适应自主学习的尝试期。在"演讲与口才"课程中，每学期前两次课，采取的仍然是讲授式教学方式。延续传统的教学方式，既符合学生已有的学习习惯，同时也便于展示教师风采和课程精彩内容，是吸引学生参与课程学习的关键。在进入教学第三周时，教师则会要求全班同学以小组为单位，集体上台展示。课程要求学生"人人上台，人人张嘴"，既有团体展示环节，也有个人自我介绍环节。这样循序渐进的方式能帮助学生逐渐适应自主学习的教学模式。

（三）建立"陪伴式"的新型师生关系，转"教"为"导"

在"以学生为中心"的课堂教学模式中，教师和学生的课堂关系不再是控制与被控制的关系，"自主学习"要求教师给予学生更大的学习空间和学习自由。所谓"亲其师而信其道"，如果学生对授课教师本人认可，那么就会对该教师任教课程的学习投入无限的热情。在后现代主义观念流行的背景下，学生们已经不太喜欢高高在上、不苟言笑的教师形象了。"教师要走下所谓的'师道'圣坛，不是权威者，

也不是'学习中的首席',因为'首席'二字就已经注定了师生间的不平等,容易导致学生对教师产生'敬畏'心理,不利于自主学习。"[1]教师不是知识的绝对权威,不再仅仅以知识传授者和成绩判定者的身份出现。陪伴式的师生关系实际上是一种平等的朋友交流关系,师生双方共同参与学习的过程,教师帮助和引导学生自主学习,并不替代学生完成教学中的思考和探索。

在陪伴式师生关系中,教师能够更好地意识到学生作为个体在学习过程中存在的难点,而学生也更愿意与教师交流,倾诉自己学习中的不解和困惑。师生双方都处于一个更友好的合作学习氛围之中,使学习效果更加显著和深入。

(四)学习过程中树立敢于"试错"的观念

在学习的过程中,学习者往往厌恶出现错误,甚至因为害怕产生错误而不愿意当众发言或者参与课堂展示。这是教师在重构课堂时最常遇到的问题。学习者也因此不愿意参与自主学习。此时教师需要让学习者明白,出现错误其实正是学习者由不成熟、不熟练走向成功的必由之路。学习者在类似"演讲与口才"这类的实践性特别强的课上,厌恶错误就意味着拒绝正确,无法提高自身能力。正如有专家提出,"试错既不是简单的刺激与反应,也不是鲁莽的实验行为,更不会成为问题解决的一种限制,为其提供可以复制的程序与规范,而是唤醒问题、解决内涵理解的重构需求"[2]。因此在教学中,要给学习者建立"犯错是正常的"观念,鼓励学习者大胆试错,大步前进。

二、坚持"为党育人、为国育才",不断挖掘课程思政元素

"演讲与口才"课程有着鲜明的思政元素特色。在教学的过程当中,教师根据课程的教学内容,进行思政元素的挖掘。

(一)精心挑选课程学习内容

革命先辈和无数的仁人志士留下的大量经典的演讲内容,是教学的重要文本依据。梳理和挖掘陈独秀、李大钊、毛泽东、周恩来、刘少奇、邓小平、闻一多等人的演讲内容,使学生进一步理解救亡图存时期革命先辈们的不懈努力和政治主张,

---

[1] 吴艳,陈永明.大学课堂教学的现状分析及思考——基于全国十所高校的实证调查[J].高教探索,2015(11):92.
[2] 张紫屏.论问题解决的教学论意义[J].课程教材教法,2017(9):55.

以及当前幸福生活的来之不易。

积极选取中共陕西省委宣传部、陕西省新闻工作者协会举办的全省"好记者讲好故事"系列演讲大赛视频，引导学生关注当下中国的现实、了解中国的国情。深化学生对当前党和政府一系列路线、方针、政策出台背景、实施细则的理解。

结合我校学生不少人来自农村的实际情况，请他们现身说法，展示社会主义新农村的变化和发展，用事实向广大学生说明社会主义制度的优越性。

（二）巧妙设置日常练习和期末考试试题，实现"润物细无声"

在日常的教学练习当中，以社会主义核心价值观体系为评判学生演讲优劣的重要标准。教师在教学中，坚持在课程内容中强化"四个自信"，在日常练习和期末考试中设置"脱贫攻坚""立德树人""辉煌成就70年""建党百年我想说"等题目，指导学生了解党情、国情。

（三）课外活动协同育人

课外，依托学生社团，承办全校"树立坚定理想信念 铸魂卓越未来教师"演讲大赛、师大演说家、"红烛杯"演讲大赛等，在赛中检验学习成果，提升学生解决问题的能力。同时邀请陕西省学习贯彻党的十九届五中全会精神的记者理论宣讲团的宣讲员，走入校园为大学生进行中央精神的学习宣讲，起到了良好的宣传效果。

三、打破传统教学模式，探索符合时代需求的课堂教学组织形式

（一）采用"翻转课堂"和"小组合作"的混合模式教学

打破教师"一言堂"的灌输式教学模式，采取"翻转课堂"和"小组合作"相结合的混合式教学模式。要求学生课前"先学"，教师课中、课后"后教"。所谓的"先学"，就是要求学生在上课之前，充分利用导学案、教材、参考文献、网络资源等，在课外先学习，带着自己的问题来上课。而原有的课堂则成为学生展示、师生讨论和答疑的思想碰撞的殿堂。

在该过程中，教师并不是放任不管课堂的组织和管理，而是在不同的教学环节中起到不同的作用：教师在上课前，为学生提供翔实的学习资料，指导学生的学习方法，起到的是学习的向导作用。教师在课程进行当中，利用自己的专业知识为学

生进行指导，补充说明学生在展示时存在的问题和不足，对于课堂上呈现出的共性问题、难点问题，进行有针对性的答疑。在课程即将结束的时候，教师对本节课的教学内容适时进行必要的总结，将本学科最前沿的问题引入课程教学当中，引导学生深入学习，同时还要布置下节课需要学生提前自学的内容。

（二）运用音视频等多媒体教学资料营造语境

运用音视频等多媒体手段，营造交流语境。用视频、图片、音乐等教学材料，在课堂上模拟真实语境，训练学生在不同语境中自如表达口语的能力。教材只是教学内容的一部分。一门课程可以以一本教材为主，同时增加本课程的必读参考书目和论文。教师给出的不是唯一观点，而是提供多种材料让学生在学习中思考、辨析。教学内容可以包括以不同介质为载体的内容，如文字、图片、音频、视频等。在"演讲与口才"教学内容中，分为课前阅读内容和课上练习内容。课前阅读内容，多为本课程的基础教材以及相关内容的专著、论文。课上练习内容，则有电视新闻节目、电视体验类节目、电视演讲及辩论类节目，以及音乐、图片、动画片等内容。目前课堂上使用比较多的教学资源是安徽卫视的《超级演说家》和北京卫视的《我是演说家》两档节目。只有根据学生的兴趣需求选择能够吸引学生思考和学习的材料，才是好的教学材料。

（三）鼓励学生上台展示，在学生展示中引入直播软件

在教学中，教师不断地鼓励学生走上台去，让学生面对现场的同学进行真实的演讲。在日常教学中，引入了"一直播"直播软件，全程直播学生的课堂演讲展示。学生在近乎实战的状态中，不断提升自我的口语表达能力，增加学习兴趣。该软件既能记录学生参与课堂展示的全过程，也便于学生课后回看，进一步体会和消化教师在课堂上的点评和指导意见。同时，该直播软件拥有跨平台分享的优势，能够让学生在其个人的微信、微博等社交平台上，便捷地转发分享具有自己风采的直播视频，进一步提升其参与学习的热情。当然，该直播软件在同步转播、记录教学内容的同时，也增加了学生当众展示的难度和真实感，并将网友的评论也引入了课堂上，由此形成的多元化的评价体系更有利于学生的成长。

在课堂当中使用"一直播"软件的目的是，便于向学生及时反馈学习状态，引导学生实现自我提升；引入第三方评论，对学生进行更为客观的评价；激发学生学习热情，便于学生参与学习。

（四）多元化的即时评价

上台展示的学生都会获得教师的评价与鼓励。教师根据学生展示内容的优劣程度，采取动态赋分。教师对于学习者展示的内容和状态的评价，可以采取自我点评、本组助评、他组互评、教师总评等形式，开展多样态组合的点评。教师对于学生在展示中呈现的优点，要集中表扬，予以肯定；对于学生在展示中存在的不足，应注意以商量的口吻，尽量用客观直接的语言指出问题，并给予学生具体改进的方法。

充分利用课堂，即时开展自评、小组互评、教师点评、专家和网友留言评，针对性地解决学生学习困难，鼓励学生个性化学习。

（五）设置加分奖励机制，鼓励学生敢于上台表达

在教学的全过程，均设置有加分环节。在小组讨论和课堂展示环节中，教师对每组第一个发表观点、上台展示的同学，会给予高额度的参与分，计入其期末总分。这一目的旨在引导学习者放下顾虑，激发竞争意识，抢夺展示机会，从而珍惜每一次上台展示的机会。每一节课都有加分环节设置，将原本的一次性期末考核，变成了在学习中随时考核，更加重视学生的学习过程。具体如下表（表1）所示：

表1 教学环节中的加分机制

教学环节	考核内容	分值	给分标准	评分人
考勤	考查学生的到课情况	1分	到课即得分	学生组长
小组讨论	展开同伴式学习，鼓励学生独立思考与积极发言，在小组内发表自己的观点	1分	全组第一位发言者，得2分，其余发言者得1分	学生组长
课堂展示	学生上台面对全班师生和直播软件脱稿演讲	1分	全班第一位发言者，得2分，其余发言者得1分	学生组长
学生点评他人	考核学生对于"演讲与口才"课程内容的运用能力以及倾听力	0.5分	点评他人即得分	教师/助教
教师评价	教师有针对性地对在课堂展示的同学演讲质量的优劣进行及时点评	0.5~2.5分	教师根据学生当众演讲的效果，当场动态给予学生分数	教师/助教
课后练习	及时布置课后练习，鼓励学生课后积极准备下次要展示的内容，运用手机录制自己的演讲视频	0.5~2.5分	助教根据学生演讲视频的效果，给予学生分数	助教

四、教学内容的全面更新，贴近时代发展、贴近学生实际

课堂教学内容的依据是课程的教学大纲和教材，教学大纲规定了教学目的和教学要求，教材则是实现教学目的和要求的具体载体。教材的撰写往往需要时间，经过几个周期的编写、编辑、出版，在学生拿到教材后，其中的很多教学内容可能就变得较为陈旧了。除了部分极为经典的案例和内容外，教材里大多数内容会和学生的时代背景及兴趣爱好脱节。如果教师完全依据这样的内容来组织教学，则会降低学生的学习热情。

教学内容是根据教学大纲早已确定好的，但是教学内容所选取的材料，则应该贴近时代的发展，贴近学生的实际。教师在"演讲与口才"课程当中，应结合教学大纲，不断地更新教学内容，比如，引用哔哩哔哩平台上的《你想成为什么样的人》《后浪》等演讲内容开展教学。

另外，为了加强"演讲与口才"教学内容的针对性，教师可根据学生在日常演讲的口才运用当中的痛点，将教学内容进行痛点化重构，直击学生在学习中的困惑与问题。比如，在课程内容方面增设了《如何获得优秀的演讲心态》《撰写演讲稿》《如何应对即兴演讲？》等一系列学生们关注的热点、应用类的问题进行教学的重新设计。

一流课程的建设，使广大的高校教师开始关注并思考自己教学效果的优劣。这种教学反思是全面的，不仅仅包括了教师对教学观念、教学形式、教学内容的大讨论、大思考，更重要的是构建了教师"以学生为中心"的教育教学理念。没有哪一种教学形式是完美无缺的，同样，也没有哪一种现成的教学形式是可以照搬照抄套用的。建立一套适合课程的教学组织形式，是需要不断在实践中探索和研究的。一名教师的基本工作内容就是站好讲台、研究如何上好课，让学生在学习中有所思、有所悟、有所得。当前时代，社会发展的速度已经超越了大多数人的想象，知识更新换代的速度更是让人目瞪口呆。希望凭借学到的某一种技能就能"走遍天下都不怕"的时代一去不复返了。因此，教师要改变传统的教学观念，明确"授人以鱼，不如授人以渔"，让学生养成自主学习的能力，建立终身学习的习惯。而教师的价值，也会在培养学生的过程中得到升华。

主持传播前沿话题

AI 合成语音的声音景观建构方式与影响

◎ 张泽宇*

摘要：随着人工智能技术的快速发展、AI合成语音技术的日趋成熟，AI合成语音的应用场景日渐丰富。本文从声音景观理论出发，从声音、传受主体、场景三者的关系入手，阐述AI合成语音以算法定制、拆解重组为特征的声音景观建构方式；分析AI合成语音景观建构产生的影响。主要体现为：听觉感官的回归，声音真实感的下降，专业声音生产权力的分散和声音产品的趋同。AI合成语音的声音景观建构，需要兼顾技术与文化、虚拟与现实的良性互动。

关键词：AI合成语音，声音景观，建构

一、声音景观的概念内涵

加拿大作曲家雷蒙德·默里·谢弗（R.Murray Schafer）在20世纪70年代提出"声音景观"（Sound Scape）的概念，他认为"声音景观是任何可研究的声音领域（Acoustic Field）。我们可以说一部乐曲是一个声音景观，一档广播节目是一个声音景观，一个声音环境（Acoustic Environment）是一个声音景观。我们能够将声音环境独立出来作为探究的领域，正如我们能够探究特定地景（Land Scape）的特质一样"[①]。他将声音视为环境的组成部分，他强调了声音景观概念内涵的广泛性以及声音与人类环境的联系："人类和环境声音之间的关系是什么？当这些声音改变时会发生什么？声音景观研究试图将这些不同的研究结合起来。"[②]谢弗的研究引起生态学、建筑学、文学、历史学、人类学等多个学科的关注，其理论意涵亦在近半个世纪的时间内不断得以丰富。研究开始转向长期以来被忽略的声音现象与听觉感官文化。特鲁瓦克斯推进了谢弗的声音景观理论，他"将声音景观本身视

---

* 张泽宇，陕西师范大学新闻与传播学院硕士研究生。
① 季凌霄.从"声音景观"思考传播：声音、空间与听觉感官文化[J]. 国际新闻界, 2019, 41(3): 29.
② SCHAFER R M.The Sound Scape: Our Sonic Environment and the Tuning of the World[M].New York: Knopf, 1977: 3.

作以主体理解为基础的一种对声音环境的印象,并且指出由听觉方式(Listening Patterns)'所中介着的听觉'共同体、声音环境与声音景观之间,是不断交互的关系性过程"①。汤普森将外部的声音环境与对它的内在经验和感受同时纳入"声音景观"这一概念,"声音景观应该既是一个物理环境,同时又是感知该环境的方式,和所呈现出来的文化建构。在声音景观的物理层面,不仅包括声音本身和穿透空气的声波能量,还有那些使声音得以产生或被消除的物质。在声音景观的文化层面,包括科学的和审美的听觉方式,聆听者与其所在环境的关系,以及支配了什么样的人所能听到什么样的声音的社会环境"②。

21世纪以来,声音景观研究在国内得到了更多关注。季凌霄认为,"'声音景观'不仅仅意指一个外在于人的声音环境,更加强调经由'听觉方式'或'感官文化'的作用、在主体界限之内所形成的对这一声音环境的印象,甚至是内心中'听到'/构想的各种声音"③。由此,声音景观概念不仅是音高、响度、音调等声音本身的物理特性的概念,更是包含声音与自然环境、人类社会的文化概念,想要研究声音景观,需要将声音放在社会文化背景以及具体的场景中进行考量。

二、AI合成语音的主要应用场景

伴随着互联网与大数据技术的发展,语音合成技术(TTS)、语音识别技术(ASR)等智能语音技术逐渐成熟,声音的生产、传播、存储机制产生变化,AI语音的应用场景也在不断增加,汽车导航、视频配音、智能音箱、手机助手等声音产品层出不穷,并对应着具体的应用场景。按照在社会生活的应用场景功能区分,AI合成语音主要由不进行人机交互的"AI语音讲述"场景,以及进行人机交互的"AI语音助手"场景两部分组成。

(一)AI语音讲述

1.视频旁白

AI语音视频旁白,可以代替视频创作者出声,还可以使创作者不用进行语言或配音学习,脱离文本内容实现听觉上的性别、身份、方言等各类音色、语音特点

---

① 季凌霄.从"声音景观"思考传播:声音、空间与听觉感官文化[J].国际新闻界,2019,41(3):29.
② 季凌霄.从"声音景观"思考传播:声音、空间与听觉感官文化[J].国际新闻界,2019,41(3):31.
③ 季凌霄.从"声音景观"思考传播:声音、空间与听觉感官文化[J].国际新闻界,2019,41(3):27.

的快速转换。以抖音平台为例，2020年抖音平台在其视频编辑内容栏上架了"朗读"选项，朗读选项内可以根据文本进行AI语音合成的讲述，并且有诸如"电影旁白""东北老铁""萌萌萝莉""说唱歌手"等二十多种的朗读音色。这种使用AI语音合成技术的视频旁白已经被大量应用在了短视频创作的场景中。

2.新闻播报

2018年，在第五届世界互联网大会上，搜狗与新华社联合发布的全球首个全仿真智能AI主持人——AI合成主播"新小浩"拉开了AI语音新闻播报的序幕。AI语音新闻播报与真人播报具有高度的相似性。随着技术的发展，智能AI主持人在播报时已经基本具备播音专业技能，其最大的优势是可以完全做到"照本宣科"，但在吐字归音、语流音变、情感表达、随机应变等方面无法与真人主播相媲美。目前AI语音新闻播报仍处在探索阶段，主要应用在辅助真人主播和部分固定内容新闻播报上。但在AI语音新闻播报的场景下，AI合成主播的声音状态与真人主播仍有差距。

3.声音还原

AI语音的声音还原可以在特定场景下还原特定人物的声音并用于特定的情境，使其具备某种情感意义、纪念意义或其他的功能。例如，2018年，中央电视台播出的纪录片《创新中国》，解说用的是已故的原中央人民广播电台主持人李易的声音，《创新中国》的编导团队与科大讯飞合作，搜寻了李易二十个小时以上的配音素材组成声音数据库，由科大讯飞根据文字稿件合成后交由央视剪辑团队，这两大团队对语音的优化合成、剪辑，使纪录片呈现出了最终的效果。央视《等着我》栏目也曾在2019年采用AI语音合成技术合成声音，扩大寻人渠道，让寻人行动更高效。

（二）AI语音助手

1.语音客服

随着社会的快速发展，人口增多，客户服务领域如果完全依赖人工，就需要承受巨大的压力，在此背景下使用AI语音客服可以在一定程度上进行用户分流，缓解压力的同时也使用户在语音客服的互动性场景下接受服务。语音客服利用语音识别系统，识别用户语意，并与用户进行简单的互动，其核心的互动方式主要有：智能

IVB互动式语音应答、智能语音服务、用户身份校验。[①]这三种互动方式都建立在识别用户语音、语意，判断用户需求，进行简单应答的基础上。例如，目前通信领域已大量使用语音客服，用户在拨打运营商电话后首先会为其接入智能IVB互动式语音应答，即询问用户需求并转移至相应节点，如果用户查询相关业务则会接入智能语音服务和用户身份校验，根据用户的账户情况进行AI合成语音的应答反馈。

2.语音导航

语音导航主要存在于手机导航软件及车辆导航软件中，由软件后台规划最优路线，系统使用AI合成语音为使用者进行播报，让使用者根据导航语音行驶。随着技术的不断发展，AI合成语音导航的音色已经不仅限于单一的男性声音或女性声音，还出现了个性化的明星语音包或定制声音包，这些语音包在一定程度上增强了AI语音导航与用户的互动。例如，在百度地图的导航页面中可以将导航声音设置为"沈腾"的声音，系统语音在导航时会使用沈腾的声音与用户对话，在导航内容之外还会出现诸如出发时"哥陪你看看人间繁华"，到达目的地时"这就到啦？这扯不扯？没坐够呢"，有监控时"他们可没开美颜"，超速时"唉唉超速了，咱就是一个普通司机，别老假装开F1"等带有互动性质的导航提示语。

3.智能助手

智能助手目前被广泛应用于手机、电脑、智能音箱、智能家居等各方面，在与用户的交互中，智能助手可以经由训练实现复杂的操作，通过单独指令或特定词汇经由大数据计算实现操作。例如，目前小米的智能助手"小爱同学"，以手机或智能音箱为终端，让用户只需要呼唤"小爱同学"就能产生应答，可以简单聊天，询问天气情况、日程等，如果接入智能家居还可以对部分家电进行操控，通过使用某一指令实现连续的对话或动作，如用户早上起床说"小爱同学，早上好"可以同时实现拉开窗帘、播放新闻、通风换气、开启智能厨具等操作。在日常使用的情况下，语音助手能根据对话实现快速应答，在智能生活场景中常作为语音互动中枢存在。

---

① 王宏芳.智能语音客服系统在呼叫中心领域的应用及展望[J].通信企业管理，2017(6)：57-59.

三、AI合成语音的声音景观建构方式

声音景观是一种强调个体及社会感知和理解方式的声音环境，可作为一种社会化事件来理解，是通过声音来理解人们在特定时代中与环境作用的方式。①声音景观以声音为形式，记录了特定时期的声音，从而反映这一时期的人类科技水平以及社会的状态。AI合成语音在当代技术环境和社会文化下建构了新的声音景观。讨论声音景观离不开三个条件：声音、声音的传者和接受者、声音存在的场景。在人类早期的口语时代，人们的交流是面对面的口耳相传，声音、声音的传者和接受者被共同置于同一场景中。然而，在AI合成语音的声音景观中，这三者之间的关系产生了明显变化，形成了独特的声音景观构建方式。

（一）算法定制

麦克卢汉在《理解媒介：论人的延伸》中说，"所谓媒介即讯息只不过是说：任何媒介（即人的任何延伸）对个人和社会的任何影响，都是由于新的尺度产生的；我们的任何一种延伸（或曰任何一种新的技术），都要在我们的事务中引进一种新的尺度"②。AI合成语音技术的诞生得益于互联网、大数据、语音识别、语音合成等多方面技术的成熟，AI合成语音技术通过提取某种音色的音高、音强、语气、语调、发音方式等语音特点进行技术合成。此时，声音的生产已经不依赖于人的生理特性。人类声音的产生是气流经过声带，使声带产生振动，发出声音，再经由口腔内部唇齿舌形成语音，但AI合成语音的基础是算法，在拥有大量声音数据的基础上，经由算法模型合成出与真人或模仿对象相似的声音，再经由输出设备进行播放。原则上，语音数据的数量越多，合成出来的声音就越真实。

在算法主导的声音生产逻辑下，声音、声音的传者和接受者、声音场景三者可以完全分离并且可以根据需求任意组合，形成一种类似工业产品的定制生产模式。比如，在短视频旁白的AI配音中，有用户为追求节目效果，营造人物反差，使用"萌萌萝莉"等女性音色为男性角色配音；或为追求爽朗、搞笑效果用"东北老铁"等方言朗读文本；或为追求节奏感、音乐性，使用"说唱歌手"等音乐类音色说唱文本。这些不同音色通常是为建立声音素材库而在特定场景下集中录制的；声音源的传者与使用声音的接受者不在同一场景空间，也不直接互动。同一声源可用于不

---

① 张道永,陈剑,徐小军.声音景观理念的解析[J].合肥工业大学学报(自然科学版),2007(1):53-56.
② 麦克卢汉.理解媒介:论人的延伸[M].何道宽,译.南京:译林出版社,2019:39.

同场景，同一场景中也可能植入不同的声音源。

（二）拆解重组

所谓拆解重组的声音景观建构方式，是指以接受者感受为核心，将特定的声音通过AI合成技术，从原本的场景中转移到某个特定场景中，与接受者产生某种互动。在这种情形中，特定声音和特定场景是针对特定接受者而设置的，让接受者通过这种方式能得到陪伴、抚慰、缅怀等情感体验，体现了AI合成声音的人文情感功能。

如上文所述，纪录片《创新中国》的解说采用的是已故原中央人民广播电台主持人李易的合成声音，这些声音数据来自李易二十个小时以上的配音素材，依存于多个场景，但是合成后都汇集在同一部纪录片的解说中。喜欢李易老师配音的听众通过《创新中国》纪录片，重温了李易老师熟悉的声音，得到了内心的情感呼应。同理，在一些私人空间场景中，比如私家车内，有些车主会选择自己偶像的声音录制的语言导航，使偶像在影视剧中出现的口头禅转移到导航的路况提醒场景中，变成与车主的"对话式"互动，让车主找到偶像"陪伴"身边的情感满足感。声音从原有语境中拆解再到特定场景中重组的这一过程，让特定的接受者实现了语义和情感的再生。

四、AI合成语音声音景观建构的影响

（一）听觉感官的回归

麦克卢汉将人类传播由口语传播到印刷媒介传播再到电子媒介传播的历程形容为从"部落化"到"脱部落化"再到"再部落化"。"部落化"时期，人们面对面口耳相传进行交流，此时是以听觉感知为主的感官平衡状态；"脱部落化"时期，文字是主要传播方式，视觉感官成为主流，这时"所见即所得"，视觉被无限延伸，感官开始失衡；"再部落化"时期，电子媒介迅速发展，留声机、广播等声音传播媒介的出现使声音摆脱了线性传播的桎梏，也使传播逐渐恢复到听觉空间之下，"再部落化"呼唤了听觉感官的回归。

沃尔夫冈·韦尔施在《重构美学》中给听觉回归赋予了"拯救"的地位："视觉的一统天下正将我们无从逃避地赶向灾难。对此，唯有听觉与世界那种接受的、交流的，以及符号的关系，才能扶持我们。堕落还是得救，灾难还是拯救，这就是

不同选择的图景,人们正试图以它来搭救我们,打开我们的耳朵。"①听觉是人类最早发育的感知能力,也是人类参与社会生活的重要手段,听觉回归并不是指在信息传播中听觉占据主导地位从而排除其他感官,反而是提醒人们调动多种感官进行交流。互联网的出现、AI语音合成技术的发展、语音识别技术的成熟也正在逐渐加速"听觉回归"的趋势。当人们对声音的处理不再局限于通过留声机、录音机记录,不再通过广播线性传播,而是利用互联网及AI技术对声音进行裁剪、任意组合,甚至是模仿或者凭空创造一种声音的时候,相应的听觉感知也在逐渐改变人们的行为和认知方式。AI语音建构起的声音景观将人们形成新的部落,让人们可以自行选择或重构声音,为自己的视频作品选择"东北老铁""天津小哥"等旁白配音增加戏剧效果,以符合自己的个性化审美要求。当用户在听音乐时,可自主选择音高音强,全面地参与当下空间的"听觉回归"。

(二)声音真实感的下降

在AI合成语音使用的大量场景中,用户的听觉得以回归,但同样也出现了因声音感知下降而引发的问题。谢弗曾描述:"在当今世界,声音环境的问题,除了声音过剩与低清晰度的问题,声音也越来越是合成的,其中自然发出的声音愈益变得'不自然'。"②AI合成语音的应用带给用户最大的感知在于"不自然",即不能在声音中为用户建构起足够的真实感。其一,这种不自然是由于技术合成本身的精准度不够。例如旁白中断句不清造成的表意不明确;新闻播报时由于字音没有发全,句尾断开导致的不自然;语音助手在对话时无法区分多音字等问题,这些问题都需要不断完善。其二,这种不自然是由于基调声的缺失或改变。基调声是自然生态和城市生态环境中固有的声音,在传接受者处于同一个真实场景的口语传播环境下,声音是附着了自然的基调声的,例如两个人在咖啡厅中对话,咖啡厅中一直在播放的背景音乐就是现场谈话的基调声,这种基调声会影响说话者的情绪和感受,进而在语音中体现为语气语调的微妙变化。一句"吃了吗? 您呐"这类京腔问候语,在真实场景中,它出现在不同事件、不同的物理空间中,其基调声会千差万别,声音受基调声影响而产生的变化也会千姿百态。而在AI合成语音多数的使用场景中,可能剥离或改变了真实的基调声。人们可以为获得清晰的人声而使用隔离基调声的录音棚来采集声音,也可以用专业设备改变或替换一段语

---

① 韦尔施.重构美学[M]. 陆扬, 张岩冰, 译. 上海: 上海译文出版社, 2002: 209.
② 季凌霄.从"声音景观"思考传播: 声音、空间与听觉感官文化[J]. 国际新闻界, 2019, 41(3): 32.

音的原有基调声。AI合成语音在玩转声音的同时，也可能会失去不同场景下的基调声对声音的微妙影响。

（三）专业声音生产权力的分散

福柯提出"话语即权力"，传播行为本身也是在行使一种权力，作为话语的讯息在实践中对相应的群体形成规训，权力形成网络结构化或弥散。[①]随着大量移动音频平台的出现，音频的生产也在逐渐由UGC向PGC模式转变。AI合成语音领域也是如此，随着人工智能技术的普及、AI语音合成技术的成熟，用户可以根据自己或他人的语音特点自行生产和定制声音，用户已经不再是曾经的受众。声音从广播、电视、录音机中走出来，脱离了有什么就听什么的局面，声音权力也逐渐让渡给了用户。专业媒体的新闻资讯生产受到了严峻考验。用户只需要编写新闻稿，再使用AI合成语音进行配音，甚至可以达到以假乱真的效果。

（四）声音产品的趋同

在福柯的观点中，个人既是权力的持有者，又是权力的承接受者。[②]用户接受了权力的让渡，开始生产自己的声音产品时，让渡权力者也在掌握更高的权力。听众因AI合成语音的生产所需要的素材、音色，对于声音的喜好、个性化需求，用户在定制声音时的声音数据等都作为信息被让渡者即应用后台收集，从而使应用后台借由分析用户的喜好占有了更多权力。在大数据的推送下，用户会更高频率地使用系统推送的声音生产内容，因此，声音权力的转移最后可能会变成让渡者希望用户在怎样的应用场景下使用哪些声音素材、创造怎样的声音景观，会在很大程度上创造出同质化的AI合成语音内容。

结　语

科技创新使当下AI合成语音的声音景观建构贴近现实而内容丰富，应用场景也在不断增加，同时促进了听觉感官的回归，但来源于网络虚拟世界的声音也可能会导致人们对现实声音感知的下降，使人们更愿意去接触虚拟的声音而忽视现实声音。AI合成语音为人们提供了虚拟世界的欢愉和工具性助力，但人们终究需要

[①] 朱振明.权力的消失：被扭曲的福柯——基于《话语与社会变迁》的分析[J]. 国际新闻界, 2020, 42(4): 117-133.
[②] 尚丹蕊.新媒体时代的后真相探究——基于福柯话语权力的理论视角[J]. 青年记者, 2020(35): 21-22.

回归现实,需要有在现实中倾听、交流、沟通、感受的感官能力。正如黑格尔所说:"艺术美是诉之于感觉、感情、知觉和想象的……我们在艺术美里所欣赏的正是创作和形象塑造的自由性。"[①]AI合成语音的声音资源来源于现实,是对现实声音景观的再造与重构。我们在AI合成语音中所感受到的声音都是我们对现实中声音的直接经验的反应,是我们的感觉、感情、知觉和想象在人工智能中的反馈。AI合成语音的声音景观建构,需要技术与文化、虚拟与现实的良性互动。

---

① 黑格尔. 美学(第1卷) [M]. 朱光潜,译. 北京: 商务印书馆, 1979: 8.

逻辑、修辞与人文：论主持传播视域下主持人口语表达中的戏剧性

◎ 宋存杰　于特浩[*]

摘要：口语表达具有内在的戏剧性。对这一命题的关注，本身也是在呼应主持传播视域中"人文逻辑"的嬗递。主持人可通过口语表达实现信息传递、情感共鸣、形象建构与人文升华。如今，身处传媒变局中的主持传播呼唤主持人革新口语表达的形式与效度。由此，在主持人的口语表达中体认、构建或融入戏剧性元素，可提升语言的意趣感与逻辑性，满足受众不断更新的期待视野。文章立足跨学科立场，通过文本细读的方法，将"戏剧性"这一概念与主持传播视域下的主持人口语表达策略相交融。研究发现，"逻辑性、符号性、矛盾性"等是主持人口语表达中常见的戏剧性表征；在实践中可通过"基于逻辑特征的思维方式转换策略、基于符号特征的修辞复现策略、基于修辞特征的比喻辞格移用策略"等方式完成口语表达中的戏剧化创新。

关键词：主持传播，口语表达策略，主持人研究，戏剧性研究

日新月异的传媒生态与充满异质力量的主持格局，呼唤主持人对自身的口语表达样态进行革新，以适应新时期的主持传播要求。一方面，媒体转型正在加速迎合年轻化的受众群体，主持人的口语表达内容与形式被要求"去精英化"，进而解构自身的严肃立场并深融于平民意识的洪流当中；另一方面，主持人在新兴技术的影响下，匍匐在媒介变革的缝隙中，不断寻求自身的突破以避免消亡，并在与AI技术、虚拟主持人、来自他者的身份跨界等外力的博弈中重新定位自己的身份坐标。

从研究意义来看，对主持传播视域下口语表达中的"戏剧性"进行研究，既是对主持人口语表达实践的总结和剖判，更是对主持传播中"人文逻辑"的延伸，具有实践和理论两个层面的价值。同时，该研究可以能动地展望未来口语表达实践的发展趋向和演进路径。

在这一背景下，应当思考，何为戏剧性？在主持传播的"人文逻辑"中"戏剧性"的存在依据为何？其与口语表达的关系是如何被体认并建立起来的？如何描

---

[*] 宋存杰，广西大学新闻与传播学院讲师；于特浩，广西大学艺术学院硕士研究生。

述口语表达的戏剧性特征?以及怎样将戏剧性运用于主持人口语表达实践?同时,主持人在口语表达中观照戏剧性的意义、旨归与价值何在?对上述问题进行解答梳理并研讨解决之径是本文书写的主要指向。而从跨学科的立场中汲取认知与实践上的滋养是主持人完成口语传播破域突围的重要选择。

一、主持传播视域下戏剧性口语表达的理论来源刍议

主持传播视域下的口语表达,通过内嵌"舞台性""文学性"与"修辞性"等特质,可以完成戏剧性的构建。此外,在播音与主持艺术学、戏剧学、修辞学与文学理论的视野下,以人文价值为中枢逻辑,可以有效观照主持人口语表达中的"戏剧性"的学理价值和实践意义。

(一)舞台、文学与修辞:"戏剧性"与"口语表达"的同构

"戏剧本身有双重性,或者说,戏剧有两个生命。它的一个生命存在于文学中,它的另一个生命存在于舞台上。"[1]由此,在对主持人口语表达中的戏剧性加以体认的时候,首先要区别其中戏剧性的产生是基于"舞台"还是"文学",抑或两者的结合。

在对舞台上的"戏剧性"展开研究时,一般基于亚里士多德在"戏剧化的"模仿中提出的两种路径,首先,"着意于一个完整划一、有起始、中段和结尾的行动";其次,"通过扮演,表现行动和活动中的每一个人物"[2]。从这一观点来看,主持人在特定情形下所进行的口语表达亦具有"扮演"的特点。如在某一具体的话题之下创设具体情境,代入例如"评论者""当事人"等角色定位,通过以"情景再现"为代表的技巧实现"戏剧性"中具有舞台化特点的口语表达。

此外,从文学角度对"戏剧性"加以体认,似乎更为符合主持人戏剧性口语表达内容的要求。俄国剧作家别林斯基曾直言,"戏剧因素理所当然地应该渗入叙事因素中去,并且会提高艺术作品的价值"[3]。尽管主持人的口语表达并非严格意义上的"文艺生产",但同文艺生产一样,需要表达主体进行叙事层面的构思、研辨、修辞并加以逻辑贯通,最终形成完整的"表达结果"。因而,主持人在构思口语表达

---

[1] 董健.戏剧性简论[J].戏剧艺术,2003(6):4-17.
[2] 亚里士多德.诗学[M].陈中梅,译.北京:商务印书馆,1996:42.
[3] 别林斯基.别林斯基选集·第三卷[M].满涛,译.上海:上海译文出版社,1980:23.

内容和表达形式的过程中，与"戏剧性"中文学创作的叙事过程具备同一性。

戏剧学家董健在辨析"戏剧性"中"文学"和"舞台"两个特性之间的区别时，在"媒介、属性、持续的久暂"这一分栏中对"文学构成中的戏剧性"和"舞台呈现中的戏剧性"这样辨析：前者具有"语言（包括有声之语言与无声之文字）"等特性，而后者具有"有声之语言、音效等听觉；形体、空间视觉、表演性"等特点。① 而戏剧家谭霈生也认为，"戏剧，就其本质来说，是动作的艺术"②。这与董健所认为的"形体"和"空间视觉"构成互文关系。以动作为代表的"副语言"或"非语言符号"是主持人在从事主持实践或更广泛意义上的口语表达时重要的组成元素之一。虽然相比于舞台上夸张的肢体变化，主持人在口语表达时的副语言表达往往是以"点到为止"和"烘托渲染"的功能出现，进而服务于口语表达的整体效果。

由此来看，主持人的口语表达几乎兼具"舞台性"与"文学性"两种特点，也就是说，既要根据具体情景形成具体的叙事语言（文学层面），又要规约自己的形体动作为受众带来非语言符号的表达与传播（舞台层面）。董健曾直言，"必须强调的是，这两者的区别是相对的"③。而在讨论主持口语表达中的戏剧性时也正是如此，既是相对的，更是同一的。

从修辞性角度来看，"戏剧性"与语言表达有着天然的亲缘关系。而建立这种关系的关键便是对"修辞"的关注和运用，即戏剧性需要依靠"修辞"得以实现本体的完善；而语言表达需要用"修辞"来丰富其表现样态的多样化。

20世纪美国著名的修辞学家伯克便是基于"语言戏剧性"哲学观形成了其独一的修辞学理论。"伯克的整个理论体系被称为戏剧主义。"④ 同样，伯克曾认为，如若要说服一个人，应尽力使用对方那样的言辞说话，尽力模仿对方的手势、语调、语序、形象、态度、思想等。由此来看，伯克所体认的戏剧性仍然是基于亚里士多德意义上的"模仿"，具有较强的表演性意味，是一种在语言交流双方之间所产生的互动关系，这与主持人在依托人际传播模式时所进行的主持实践有较大的相似性。主持人同样需要与交谈对象在人际传播的互动中，完成对被谈话者的体察，甚至于模仿，以形成彼此的共识。同样，顺沿伯克的思想体系延伸可以发现，语言与戏剧具有无远弗届的亲密关系，语言的表达与戏剧的创作都十分贴切，均讲求

---

① 董健.戏剧性简论[J].戏剧艺术，2003(6)：4-17.
② 谭霈生.谭霈生文集·第一卷·论戏剧性[M].北京：中国戏剧出版社，2005：12.
③ 董健.戏剧性简论[J].戏剧艺术，2003(6)：4-17.
④ 邓志勇，杨涛.伯克修辞学之基石的语言戏剧性哲学观[J].外语教学，2010，31(5)：36-40.

行动、行动者、手段、场景、目的等多要素。而主持人的口语表达正是以有声语言表达作为主要的表达方式，将戏剧性修辞融入其中，是提升口语表达能力的有效策略。然而，需要补充的是，主持人在从事口语传播的过程中往往是"一对一"和"一对多"的结合，而非仅仅局限于对某一单独个体进行修辞意义上的模仿，所寻求的是一种普泛性，这是修辞性在口语表达中完成戏剧性创新时，必须进行的适应性调整。因此，介由"修辞性"这一特性，建立戏剧性与口语表达之间的研究联系具有天然的亲缘关系。

（二）人文价值：主持传播新格局对口语表达的新呼唤

聚焦到"主持传播"的视域下来看，聚焦戏剧性与口语表达之间的密切关系，具有重要的学理价值、实践和创新意义。况且，戏剧性元素融入口语表达，更是适应主持传播新变局的必要之举。这主要源于我国的主持传播格局在近些年发生了巨大的变化并产生了新的演进路向，呼唤着主持人在主持传播的实践中革新口语表达的样态和效度。主持传播，即"以播音员、主持人等人格化传播者作为传播主体而实施传播的一种传播样态"①，因此主持传播中对"人"作为主体和价值层面的观照，与戏剧性中以人（演员）为主体的构成要素高度契合。换言之，对戏剧性的研究本身就是构成、促进并拓展主持传播及其人文价值的重要动力。学者高贵武认为，"人文逻辑与技术逻辑是主持传播发展的两种内在机制"②。在主持传播视域下观照主持人口语表达的戏剧性，无疑是对主持传播在人文逻辑演进下的呼应。

具体来看，主持传播在开放、即时的交互中实现了事实流、意见流、情感流等各种信息活跃交汇，而这些变化显然已成了推动主持传播人文逻辑演进的重要力量。③而口语表达的戏剧性元素融入，呼应了"各种信息活跃交互"的格局新变，自然也成了推动主持传播在沿着人文逻辑演进中的重要力量。戏剧性元素在口语表达中的融入，本身则是人文学科内部的交互与深融。此外，"叙事性、逻辑性、矛盾性、故事性"等戏剧性元素在与口语表达内容的结合过程中，自觉地丰富了受众的视听感受，拓宽了其人文价值的表现途径。

---

① 高贵武，杨航.AI合成主播与主持传播中的人格进化[J].青年记者，2019(22)：51—52.
② 高贵武，王彪.技术驱动与人文精神：新媒体时代主持传播发展的两种逻辑[J].中国主持传播研究，2020(1)：7—17+4.
③ 高贵武，王彪.技术驱动与人文精神：新媒体时代主持传播发展的两种逻辑[J].中国主持传播研究，2020(1)：7—17+4.

所以，在主持传播的视域下，"戏剧性"和"口语表达"之间的密切联系值得被关注、研辨和生产。对其基于理论层面进行阐释并结合实践现状加以总结，既是对口语表达实践的突破，也是对主持传播格局中"人文逻辑"的丰富。主持人在口语表达策略的形塑中，灵活运用那些原本适用于戏剧舞台、文学写作或修辞学语境下的技巧，可以构建属于主持人口语表达的独特方法，并介由"戏剧性"完成口语表达的突破和新变。

二、体认与构建：主持人口语表达的戏剧性特征和戏剧化策略创新

在主持人从事口语表达实践时，其中的"戏剧性"具有明显的可辨识特征，主要聚焦于"逻辑、符号、矛盾"三个方面。基于对特征的辨识，可以有效构建对口语表达策略的戏剧化创新，形成以"基于逻辑特征的思维方式转换策略、基于符号特征的修辞复现策略、基于矛盾特征的故事化口语表达策略"为主的三大策略。

（一）基于逻辑特征的思维方式转换策略

主持人在口语表达中，通过对思维方式的转换，可以实现戏剧性的融入。而这要求以主持人为代表的口语表达主体，首先要正确辨别口语表达中的逻辑特征，并基于此转变或完善自身口语表达中的既有思维方式，进而完成策略的运用和表达的创新。

"逻辑是规定思维表达规则的学问"[①]，在"口语表达的戏剧性"研究的视野下，我们从观照逻辑性出发，研究其对思维方式的规约和影响。"戏剧性"在主持人的口语表达中的显著特征之一便是逻辑性，意即在语料选择和串联时讲究前赴后继的因果关系，充分体现出因果性与时序性。同时，在部分表达中为了追求趣味性和新奇感，部分主持人的口语表达会以非线性的方式组织语料，以起到戏剧性效果。

以因果性和时序性作为逻辑特征的口语表达内容在主持人的口语表达实践中较为常见。首先，按照事情发展所建立的递进式逻辑。如主持人提出问题，等待嘉宾回答之后，针对嘉宾所答的部分细节加以追问，形成层层递进的谈话结构。

---

① 孙中原.中国逻辑研究百年论要[J]. 东南学术, 2001(1): 29–39.

其次，主持人在口语表达中使用连接词，如"先、再、进而、最后"等，或者是将"既……也……；虽然……但是……"等关联词贯穿于口语表达的逻辑串联中。最后，在年轻化语态的强势介入下，主持人口语表达中呈现的"非线性"现象已司空见惯。许多主持人选择刻意地打破语言逻辑，以求得表达中的"间离式"的戏剧效果。受众在非线性的口语表达中，不断跳脱表达主体的既有逻辑，不断地产生新奇感。

主持人撒贝宁在《党课开讲啦》的嘉宾采访和观众互动环节中运用了大量的口语表达技巧，其中最鲜明的表征就是"因果时序性逻辑"。在采访前，撒贝宁会先准备相关问题，并根据嘉宾的回答，有选择地进行追问，进而营造戏剧性的表达效果。如在《党课开讲啦》第3期《党的伟大成就》中，撒贝宁首先向来自中国人民大学的主讲专家杨凤城抛出问题，"为何当今有的年轻人对中国沧海桑田般的变化认为理所当然"，对此，杨凤城教授结合自身的生活经验讲述了中国"从无到有再到强"的变化，举例了在自己成长过程中"藏衬衫、借手表、参加考试"等青年时期的记忆，并以此说明年轻一代的生活环境相比老一辈已然是沧海桑田。紧接着撒贝宁针对杨教授的论述，具有针对性地提出了"您有没有对某一具体的瞬间印象特别深刻"这一聚焦性的问题，引导着杨教授从"高铁、核电、航空、航天"等具体的领域深刻阐述了他亲历见证的中国的伟大变化。同时，撒贝宁在口语表达中灵活地穿插了"非线性"逻辑，如在谈及《年轻的朋友来相会》这一20世纪80年代脍炙人口的歌曲时，撒贝宁并没有顺沿杨教授的逻辑，而是哼唱起了这首歌，以偶然的、片段的非线性逻辑为节目的严肃性增添了寓教于乐的意趣性。

基于以上案例分析，从具体策略来看，在口语表达中形塑一种或多种逻辑结构，是将思维技巧进行口语性转化的途径之一。而这种形塑所带来的表达效果是基于结构层面的转换。诚然，对语言与逻辑结构的关注在以中国明清小说为代表的古典文学创作中已有之。如"叙事"一词中的"叙"本身就带有对叙事的逻辑起点的关注，如"眼中虚写""眼中补写""眼中画""眼中虚画"等观点与当代西方叙事学理论中的"视点"（point of view）有相似的意味。[1]因而视点可以被看作叙事逻辑的起点，主持人口语表达的立场即可被视为表达逻辑中的起点和视点。介由"点、线、面"的逻辑，在视点的确立之后是叙事逻辑结构的打造和逻辑技巧的运用。如充分运用倒叙、插叙或悬念设置来实现口语表达内容的创新。

---

[1] 张世君.明清小说评点叙事的空间性观念[J]. 暨南学报(哲学社会科学版), 2006(4): 35–40.

对此，学者胡亚敏在《叙事学》中将倒叙纳入逆时序的研究范畴。[①]在文学写作中，倒叙（Flash Back）和插叙（Interstitial）作为逆时序的两大重要内容均能引起读者强烈的阅读兴趣。从口语表达的框架来看，主持人在组织表达逻辑时按照逆时性组织语料，抑或暂时中断既有逻辑穿插补充性内容，都可取得较好的戏剧性表达效果。在云综艺节目的创作中，主持人的口语表达在"云"作为传播介质的加持下，出现了较多叙事层面的拓展。"在《天天云时间》中，主持人沈梦辰对语料的选择常常呈现出跳跃的多元性"[②]，由此所带来的是叙事时序上的转变。其一，叙事的逻辑起点为沈梦辰所处的当下，因而其叙述的时序会自然地向其所经历过的时域演进；其二，节目在嘉宾的叙事过程中，出于综艺效果和叙事完整度的考虑，常常会适度中断嘉宾的表达，进而使用"插叙"对嘉宾的表达内容进行补充。在云综艺晚会《相信未来》当中，主持人华少、汪涵、白岩松三者，在对自身疫情期间所亲身经历过的事件加以描述的过程中，自觉地形成了基于倒叙的叙事回忆，并在语言的交互中完成了对彼方叙事的补充完善。同时，主持人白岩松在对"踢球"这一经历的描述过程中，又插叙了其既往的"踢球经历"，使其表达内容更加完善，且更容易勾连起受众对白岩松的既有认知和不同个体的独特生命经验。"悬念设置"也是口语表达的有效策略。在电影创作中，对"看不见的悬念"加以悬置，可以始终推动受众的审美期待顺沿表达者的逻辑演进。在希区柯克的创作视野下，这种悬念化的设置被称为"麦格芬（MacGuffin）"，如《房客》中那"不可见的杀手"始终牵动着受众想要揭开谜底的心弦。至于结果的指向早已索然无味，更重要的是，受众在被悬念吸引的过程中，经历了一次次审美上的视听享受和体验。在口语表达策略中，于开始处抛出一个未解的悬念，可以有效地调动受众的收听积极性。较为常见的是，主持人所使用的"今天要给大家介绍这样一个人，他……"，但身处悬念背面的"他"直至口语表达的结尾才会浮现。这亦在不经意之间形成了人化了的悬念设置。而在多元的表达格局中，亦有主持人尝试不以具体代词为悬念来描述对象，而是通过对环境情况、人物形象或事件结果的描述进行表达，逐渐在受众心理具象出其所要表述的客观对象。由此来看，通过巧用倒叙、插叙等叙事逻辑，并以形塑作为方法的"悬念"，可以有效地丰富口语表达的戏剧性，进而丰富受众的期待视野，并完成口语表达创新的破域。

总而言之，因果时序性与非线性都是口语表达中带有戏剧性的逻辑特征，基

---

① 胡亚敏.叙事学[M].武汉：华中师范大学出版社，2004：65-66.
② 宋志君，于特浩."云综艺"背景下的主持人创作赋能与价值构建[J].齐鲁艺苑，2022(2)：94-99.

于这两种逻辑特征，将叙事顺序进行调整，对主持人的口语表达思维具有重要影响。正确体认并运用这两种逻辑思维方式，可以有效引导受众的注意力集中于节目当中。而非线性所带来的间离效果貌似打断了逻辑的既有链条，实则赋予了受众重新整理审美期待的契机，进而丰盈了口语表达的最终效果。

（二）基于符号特征的修辞复现策略

主持人在进行口语表达实践时，通过对有声语言或副语言的复现，可以丰富自身口语表达的内涵和外延。我们可以认为在口语表达中反复出现的语言符号与非语言符号具有"戏剧性特征"，其中包括每期开场主持人重复强调的口播、主持人的标志性动作或固定化的语言样态和语音语调，而这几个层面均会构成主持人口语表达中的戏剧性。

"复现"指故事文本中已经出现过的某事物再次出现或反复出现。它不是简单重复，而是事物在改变含义的情况下重复出现。[①]在文艺创作中，"复现"是较为常见的创作策略，如在左岸派代表人物阿伦·雷乃的电影作品《去年在马里昂巴德》当中，"声音"与"物体"两方面均存在复现。[②]这些被复现的"符号"承担起了价值立意的凝集作用，形塑了影片的集中价值指向，更成为黏合受众与影片记忆关系的中枢介质。而将这一概念移植到口语表达中亦是如此，那些在主持人的表达中被反复提及的"内容"和主持人频繁做出的肢体动作，成为受众了解主持人形象和理解主持人表意的重要载体。

对语言符号的理解包括语速、停延、重音、语调、儿化及词汇要素的择取等。[③]而"非语言符号"是指主体特意制造和使用的能够独立表达特定信息的那些不属于语言符号的符号。[④]这些符号在主持人口语表达当中经由前文所提及过的"复现"策略可实现戏剧化的构建。如在《奇葩说》第一季中，马东每期节目开头所念的"口播"即具有标示性的语言符号，节目中，令观众听到后甚至可以不自觉地附和马东的口播内容。同时在节目播出过程中，出于节目效果和广告宣传的双重考虑，马东将冠名商的宣传语构建在辩手的辩论过程中，从而在观众的记忆中形成了

[①] 徐肖楠.阿兰·罗伯-格里耶小说的复现手法[J]. 名作欣赏, 1998(3): 117-122.
[②] 谭征.《去年在马里昂巴德》的猜想——浅析影片叙事的复现手法[J]. 电影评介, 2011(20): 49-50.
[③] 再奴热木·买买提.《非常6+1》栏目主持人李咏的语言符号风格研究[D].乌鲁木齐: 新疆大学, 2019: 35-39.
[④] 王跃平.试论语言符号与非语言符号的共性与个性[J]. 扬州大学学报(人文社会科学版), 2009, 13(4): 108-113.

一个关于"冠名商"的记忆符号。此外，马东在节目开场标志性的"敲木鱼"的动作成为《奇葩说》节目的标志，也成为马东主持《奇葩说》的重要非语言符号。而这些符号几乎在每一期节目当中均会"复现"，构成了节目播出当中的戏剧性效果。李咏在主持《幸运52》时，其标志性的语言符号"请听题"与"扔手牌"这一非语言符号，几乎在一代代受众的收视记忆中构建起了关于李咏的主要认知，即一个幽默、风趣、智慧的主持人形象。无论时间的延递或记忆的退落，李咏在《幸运52》中所构建的语言符号和非语言符号都成为受众刻骨铭心的荧屏景观和视听记忆。

然而不断复现的有声语言和副语言，潜在地构建了一种或多种"喻体"，其所传达的内涵往往在表征之外，有更多深刻的外延。因而，通过比喻辞格在口语表达策略中的运用，可以增加口语表达中的戏剧性。其中，明喻、暗喻和借喻作为文学创作中常用的修辞手法，经过口语传播的二次加工之后，在传情达意方面具有不可替代的价值。在主持传播视域下，对比喻辞格的运用，既可增加口语表达的有效性，也可增加其文学性和艺术性，起到信息交流和语言审美等多个层面的作用。

在《汉语修辞格大辞典》中，比喻辞格有24种，如明喻、暗喻、借喻、潜喻等。①而主持人的口语表达往往融汇于大众文化传播的洪流中，多借由以电视为主要载体的大众传播媒介传播，并以通俗化和平民化为主要特征。所以，在对比喻辞格的移用过程中，对"明喻、暗喻、借喻"三种比喻辞格的使用较多，可以此作为构建口语表达戏剧性的主要方式。

中央广播电视总台推出的短视频栏目《主播说联播》在针对"佩洛西窜访台湾"这一事件播报时，主播康辉对"制裁"这一本体暗用了"秋后算账"一词作为喻体，虽然全程没有喻词的出现，却完成了表达中的修辞性，其所带来的表达力和基于中国老百姓表达习惯所进行的引用制造出了更甚的效果。从借喻的视角来看，"如果说比喻的'相似性'反映了人们认知的统一性，那么借代的'相关性'则是建筑在人们认知的接近性基础上的"②。在对借喻的使用中，本体和喻词都被隐去，反而形成了更深厚的表达意味。如在6月18日的《主播说联播》中，主播海霞在对中共中央政治局第四十次集体学习时所强调的全面打赢反腐败斗争攻坚战持久战进行评论时，运用了"打虎""拍蝇""猎狐"等喻体，虽然没有描述本体和喻词，却犀利地道出了中央反腐的决心，且所使用的喻体形象立体，在语言之外营造了想象

---

① 唐松波，黄建霖.汉语修辞格大辞典[M].北京：中国国际广播出版社，1989：6.
② 周明强.辞格特征与辞格辨识——谈借喻和借代、移就和比拟的区别[J].浙江教育学院学报，2006(4)：75-80.

之境，为严肃的反腐立场增添了平民视野中的可理解性。而在更广泛的视域下，对明喻的使用最为常见且效果最为直接。在主持人的口语表达中直接运用"像、似、仿佛"等喻词，可以直接营造戏剧性的想象空间和类比之后的可理解性。在大众化传播的视野下，使用过于抽象的喻词，往往会造成受众理解上的误读。因此，直接使用借喻往往需要建立前言语境，如对"虎""狐""蝇"等的喻义是基于前言中"反腐"的语境所构建的，若在口语表达中直接运用难免会构成歧义。同样，暗喻所带来的指涉虽然深刻，但仍应维持在一定的效度，以免在广泛传播的过程中引发误读，从而造成无法解释的后果。

在口语表达策略中，通过复现策略让语言符号和非语言符号多频次呈现在受众的视听过程中，可以有效地构建起戏剧性的表达效果，传达出言外之意的潜在内涵。这与语言表达中移用比喻辞格形成明喻、暗喻或借喻相互呼应。主持人在口语表达中，通过比喻辞格的移用，可以丰富口语表达样态，增加表述内容的深意，赋予受众新的视听感受，在具有戏剧性的氛围中实现口语表达的突围。

（三）基于矛盾特征的故事化口语表达策略

故事的建构和讲述，需要正确地寻找和掌握矛盾。主持人在完成口语表达实践时，需要建构一个充满矛盾的故事，进而在口语化表达策略中完成矛盾性的表达，此处的矛盾显然并非是指主持人在口语表达中"自相矛盾"，而是指其在口语表达中尝试"戏剧性矛盾"的构建。

这是因为，受众在聆听主持人的口语表达时会自觉地建立起对主持人表达内容的审美期待，即对"戏"的期待。剧作家陈白尘曾说，戏者、戏也，就是要有戏剧性。当有一个人突然掉进一个很深的井里时，他为了活命，就千方百计地挣扎、搏斗。这个挣扎、搏斗的过程就是戏。①因而，此处的"戏"可以理解为"戏剧性的矛盾构建"。黑格尔的美学观中充满关于矛盾的辩证法，而20世纪剧作家对矛盾性的关注要比黑格尔所处的19世纪更甚。对此，戏剧家陈世雄论述道，进入20世纪以来，西方剧作家比19世纪剧作家更加强调人的内心充满矛盾，甚至认为人有许多内在矛盾是与生俱来的。②这些对戏剧性中矛盾特征的存在与外延的深刻体察充分体现了"矛盾构建"在戏剧性当中的重要地位和价值。因此在主持人的口语表达策略中，可通过体认具有"矛盾"表征的表达内容辨识其中的戏剧性特征。

---

① 陈白尘.陈白尘文集·第81卷[M].南京：江苏文艺出版社，1997：516.
② 陈世雄.黑格尔论戏剧的内在因素与外在因素[J].戏剧艺术，1982(2)：62-68.

矛盾，抑或"冲突"，往往指处于二元对立格局中的元素之间的博弈。然而，矛盾双方的存在方式不仅是抗衡的，也是可以共存和共融的，甚至可以实现其本体的转换。剧作家田汉的《咖啡店之一夜》中的白秋英，在经历了爱情幻想的碎灭与撕裂之后，悲叹，"我的命这样苦"！转而又笃定道："是的，眼泪是不解决任何问题的，勇敢地活下去吧！"①此处前后语言表达的意义相反，并不是此消彼长的零和博弈关系，而是按照时间顺序同时呈现在受众的阅读视野中，共同构成受众矛盾化的阅读经验，为受众提供了对文本的多视角理解。而这种"在戏剧矛盾的构建上常常处于来回博弈的动态过程"在田汉的创作中并不罕见。"他就在这种二元的相对中挣扎着，也在这种二元中辩证着、完善着，而这也就是他此时的作品所独具的味道吧。"②而"挣扎"的背面是矛盾的构建的持续性，通过对垒双方的平衡博弈与持续推进，不断完善受众审美中期待视野的完善和再构建。对矛盾的"共存性"的理解可有效地作用于主持人的口语表达实践中。

主持人尝试在表达内容中构建二元对立性元素，并围绕相关元素的正反或利弊展开表达，即可视为一次戏剧性矛盾的构建。许知远在《十三邀》中与哲学家刘擎展开对话，围绕年轻人的"群体性焦虑"这一主要议题，交流了"匮乏与非匮乏""童年与成年""无压力与强压力""独处与群居"等具有二元对立性的现实话题。凭借持续地构建以"二元对立"为结构的矛盾，推进整体节目的走向；《对话》作为一档以访谈为主要形式的品牌节目，主持人在口语表达策略中出现了较多的"戏剧性矛盾构建"。主持人陈伟鸿在同海南大学校长骆清铭院士和中科院自动化所所长徐波共同探讨"脑科学"这一议题之时，巧构了几种观众持续期待的矛盾性话题，如"脑科学与人工智能的关系""脑机接口从理想到现实的距离"等，均是以二元结构所建立的。

然而，通过矛盾，故事性与戏剧性之间可以实现彼此交融。主持人口语表达中的戏剧性元素往往在"好故事"的土壤中才可生根结果。而将故事融入口语表达的内容中，往往可直接赋予口语表达内容的戏剧性创新。"叙事（Narrative）在修辞意义上，指某人在特定场合处于特定目的向某人讲述某事的发生。"③因而，在"讲述"的场域中，"叙事"是实现口语表达突围的有效策略，在其中融入带有戏剧性的故事不失为直接植入戏剧性的有效途径。而故事化叙事模式则是对传统意义上的

---

① 田汉.田汉文集[M].北京：中国戏剧出版社，1983：149.
② 齐亚敏.论田汉早期戏剧的矛盾情结[J].戏剧文学，2006(5)：14-17.
③ 费伦.作为修辞的叙事[M].陈永国，译.北京：北京大学出版社，2002：172.

叙事进行的又一次延伸,是对"文本"要素进行"功能场景"的二次加工,使文本要素的表现力更强,内容更丰富,对受众的吸引力更大。①主持人在节目中进行口语表达之前虽然已有"文本"作为依据,但依然需要根据不同的"功能场景"进行具有针对性的口语化的再度创作。对此,主持人在口语表达中可从"择取故事题材、捕捉关键细节、凝聚情感共鸣"三个角度实现戏剧性中的故事化叙事,进而实现"人、情、事"的有机统一。

在《故事里的中国》第三季2022年5月8日的节目中,执着之人、坚守之事、敦煌之情都包含在关于敦煌的故事中,成功实现了故事化构建中"人、事、情"的有机统一。节目中,主持人撒贝宁在与敦煌研究院文化弘扬部部长李萍的交流中,选取了李部长与樊锦诗院长一起工作40年的亲身经历作为故事化叙事的题材来源。如,李萍讲述了与三任院长,即常书鸿、段文杰、樊锦诗之间不同的故事经历,梳理了在历任院长的带领下一代代敦煌人保护敦煌的艰辛与执着,并借此构建起了以一代代敦煌守护人为主人公的"敦煌故事"。在细节的捕捉上,撒贝宁以追问的形式,挖掘故事题材中那些关键动人的细节。例如在讨论"敦煌莫高窟数字展示中心开馆"时的照片之时,撒贝宁主动追问樊院长俯身之举的含义,李萍引述了樊院长当时的话,"这是我们十年奋斗的结果,地上这么干净,我们擦净脚下的泥尘再入馆";还如,李萍追忆了樊锦诗院长在春节这一阖家团圆相聚的时刻独自动身前往洞窟查勘壁画的故事,并坦言"到了洞窟比什么都高兴"。讲述者对故事中细节的捕捉,使受众在泛泛而论的煽情浪潮中找到了属于自己独特情感记忆的共鸣点。同时,与受众建立情感互通离不开凝聚情感共鸣,在回忆樊锦诗的丈夫彭金章晚年的抗癌生活时,主持人引用樊院长的话"越陪他就越觉得没有陪够他"作为在故事叙事中凝结受众情感的锚点,形塑了受众情感波澜中的高潮和至深之处。

择取故事题材、捕捉关键细节与凝聚情感共鸣,是赋予口语表达中"故事构建"的有效途径,介由这些策略可以实现口语表达中戏剧性的情感浮动和跌宕起伏,让受众在跟随主持人与嘉宾的交谈中在故事的口语化传递中完成了一次次精神洗礼和情感升华。

而对这些矛盾性议题的讨论和争辩的过程,正是不断地构建受众的审美期待的过程,更是在完成一场具有戏剧性的语言交互和故事构建。主持人在口语表达中,介由二元对立的矛盾结构推动节目的走向,通过故事化的口语表达策略,可以在较长的时效中与受众建立审美关系,并不断地构建受众的期待视野。

---

① 俞磊.故事化叙事模式在电视综艺节目中的应用研究[D].杭州:浙江大学,2013:8.

结　语

在主持传播视域下对口语传播中戏剧性的特点表征和生产方法加以观照、阐释和研辨，既是对主持传播中"人文逻辑"的延思，也是基于主持人实践层面的观察总结。主持人口语表达中的戏剧性具有文学性和舞台性两种属性。主持人可通过"逻辑性、符号性、矛盾性"等特点对口语表达中的戏剧性加以体认。同时，主持人经由"基于逻辑特征的思维方式转换策略、基于符号特征的修辞复现策略、基于矛盾特征的故事化口语表达策略"等方式，可以在口语表达中对"戏剧性"加以生产。在传媒变局呼唤口语表达赋新的新语境下，以戏剧性作为跨学科视角进行切入是对本体的一次大胆重构。以主持人作为传播主体，将口语表达作为主要形式，把戏剧性元素融入口语表达的策略之中，既适用于媒介融合语境下的语态创新，也拓宽了"讲好中国故事"的表达途径。"去精英化"的表达要求呼唤基于平民视野的新表态，其中"戏剧性"的融入可有效地贴近受众的期待视野、审美旨趣和话语逻辑，更重要的是，赋能口语表达的多样性，嬗递主持传播"人文逻辑"的必要性，形塑主持人在从事主持实践中的多元可能性。

技术变革 特色培养 实践转向：播音与主持艺术人才培养研究（2001—2022）的计量学分析

◎ 张伶聪*

摘要：播音与主持艺术人才培养研究在媒介技术和传媒生态的衍变中求索前行，已进入新的发展阶段。本研究采用文献计量学方法对21世纪以来的研究成果进行可视化分析。研究发现：播音与主持艺术人才培养研究正处于快速发展时期，《现代传播》《传媒》是播音与主持艺术人才培养研究的重要刊发平台；研究以高等院校为主，浙江传媒学院、四川电影电视学院、吉林艺术学院、中国传媒大学是播音与主持艺术人才培养的重要研究单位；本领域出现两位核心作者，但尚未形成稳定的研究团队；播音与主持艺术人才培养研究集中在技术与产业变革、院校自身定位、课程与教学三大主题，播音与主持艺术人才培养的适应性变革与课程思政策略成为新的研究趋势，值得进一步探究。

关键词：播音与主持艺术人才培养，热点，前沿，文献计量学，可视化

播音与主持艺术人才培养模式探究是播音与主持艺术学的一个重要领域，对播音与主持艺术人才培养相关研究进行总结、创新和助力播音与主持艺术人才培养，有助于推动广播电视与新媒体有声语言传播的发展。当前的播音与主持艺术人才培养研究大多属个案研究，[①]或是置于综合研究中的维度进行考察，[②]传统经验研究受限于研究案例的数量、研究人员的价值考量等因素，难以把握播音与主持艺术人才培养的隐含演进路径，对后续的纵深研究缺乏强有力的知识支撑。基于此，本研究尝试采用文献计量学分析方法，通过对已有播音与主持艺术人才培养研究成果进行可视化分析，探究我国播音与主持艺术人才培养的总体概况、当前研究的热点主题以及未来可能的发展方向。

---

* 张伶聪，暨南大学新闻与传播学院新闻传播学博士研究生。
① 马谛.校台合作，探索人才培养新模式——创新播音主持人才培养模式研讨会综述[J]. 现代传播(中国传媒大学学报), 2011(11): 132-134.
② 赵娜.我国播音与主持艺术研究20年——基于CiteSpace的知识图谱分析[J]. 传媒, 2020(12): 38-41.

一、研究设计

（一）研究方法

最早的文献计量研究肇始于20世纪初，以科尔（F.T.Cole）和伊尔斯（N.B.Eales）进行的文献统计研究为起点，1969年英国情报学家阿伦·普理查德（Alan Pritchard）首次提出文献计量学（Bibliometrics），标志着文献计量学的诞生。文献计量学是采用数学统计方法对文献本身、研究人员和研究技术特性的一种科学方法，现已广泛应用于自然科学和社会科学之中。其最大意义在于从理论上总结各种经验规律，充实理论的纵深度之余，又能为实际工作提供理论指导。[①]

CiteSpace是基于科学发展模式理论、科学前沿理论、结构洞理论、信息觅食理论、知识单元离散和重组理论等理念开发的一款引文数据和信息可视化软件，能够对科学研究中的潜在知识展开分析，分析项目已从针对文献共引分析和知识聚类拓展至作者、机构、国家和地区的合作分析。当前CiteSpace适用于全学科研究，在自然科学领域应用较多，但分析社会科学依据具有同等的价值。[②]本文主要采用CiteSpace6.1.R6 Basic版本进行关键词共现分析，探索播音与主持艺术人才培养研究的主题热点。

VOS Viewer同为引文数据信息可视化软件，其最大的优势是用于分析样本数据并进行可视化图形呈现。本研究中由于CiteSpace基础版无法进行时区视图可视化，遂以相同数据利用VOS Viewer1.6.18版本生成时区视图，完成对播音与主持艺术人才培养研究前沿演进的探索。

（二）数据来源

本文对CNKI数据库进行高级检索，通过前期对大量播音与主持艺术人才培养的相关研究初筛，将检索条件设定为主题=播音主持人才培养，发表时间=不限，来源期刊=不限，检索时间=2022年10月24日，共检索到960篇文献，然后通过人工筛选，将重复文献、前沿信息报道、会议通知、无作者、无单位、无关键词等信息的文献以及正文内容与人才培养不相关的文献剔除，最终获得845篇文献。

[①] 邱均平.文献计量学[M].北京：科学技术文献出版社，1988：2-25.
[②] 李杰，陈超美.CiteSpace科技文本挖掘及可视化[M].北京：首都经济贸易大学出版社，2017：2-3.

二、数据分析

（一）播音与主持艺术人才培养研究总体概况

1.年发文量

将2001年及以后的播音与主持艺术人才培养研究成果进行统计，统计结果如图1所示，播音与主持艺术人才培养分为三个发展阶段。2001年到2010年处于缓慢发展阶段，总发文量为35篇，年均发文量为3.5篇。最早的一篇题为《21世纪对播音主持艺术专业教育的要求》的文章，由中国传媒大学播音与主持艺术学院付程教授于2001年发表在《现代传播》上，对21世纪广播电视事业迅速发展的背景下播音主持专业教育的适应性培养从改革思路、优化教学与课程体系以及确立人才选拔的业务标准进行了思考。①

2011年到2014年为稳步增长阶段。这一阶段总发文量为154篇，年均发文量为38.5篇，是2001—2010年期间的11倍。2015年至今进入播音与主持艺术人才培养研究的快速发展阶段。截至2022年10月24日共发文656篇，年均发文量为82篇，是2001—2010年期间的23.43倍，是2011—2014年期间的2.13倍，于2019年出现研究高峰。由此可见，播音与主持艺术人才培养总体呈现从少到多、由冷变热的趋势，在重要节点上，播音与主持艺术人才培养的研究成果呈现陡增的现象。

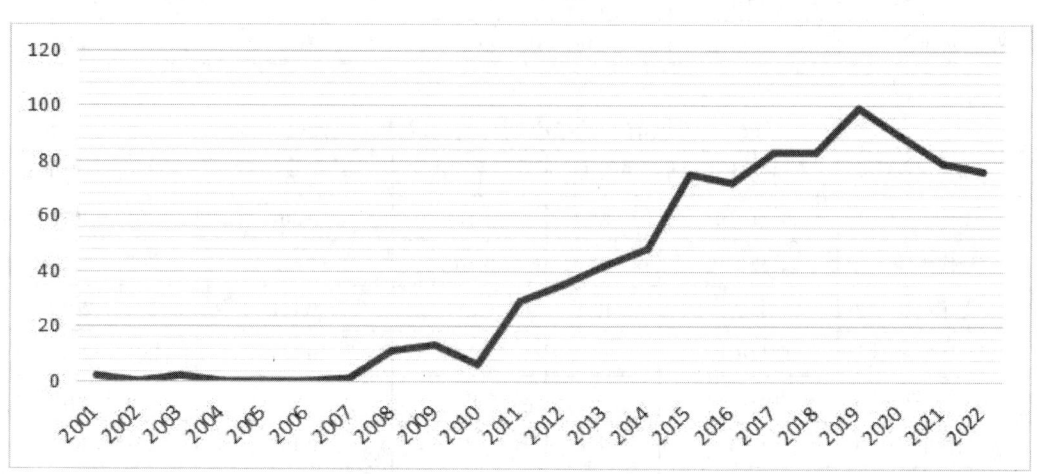

图1　播音与主持艺术人才培养年度发文量趋势图

---

① 付程.21世纪对播音主持艺术专业教育的要求[J]. 现代传播—北京广播学院学报，2001(1)：115-120.

2.期刊分布

研究样本涉及229本期刊,刊文期刊相对较为分散,刊文量为一篇的期刊数目达到143本。根据普赖斯定律,分别对刊文量排名前十位的核心期刊和普通期刊进行统计。据表1、表2可知,10本普通期刊的刊文量为382篇,占总发文量的45.2%;10本核心期刊的刊文量为61篇,占总发文量的7.2%。普通期刊发文量最多的刊物为《西部广播电视》,共计84篇,占总发文量的9.9%。核心期刊发文量最多的是《传媒》,共发文13篇,占总发文量的1.5%;《现代传播》是刊文时间最长的期刊,于2001年开始刊文,长达20年。

表1 排名前10的普通期刊的刊发情况统计表

期刊名称	刊发量	复合影响因子	综合影响因子	刊发持续时间
西部广播电视	84	/	/	2013—2022
新闻研究导刊	69	0.250	0.041	2014—2022
传媒论坛	40	0.215	0.041	2018—2022
传播力研究	40	/	/	2017—2020
新闻传播	40	0.183	0.030	2011—2022
视听	24	/	/	2015—2022
电视指南	22	/	/	2017—2018
艺术教育	22	0.219	0.052	2009—2021
戏剧之家	21	/	/	2013—2020
声屏世界	20	/	/	2009—2022

表2 排名前10的核心期刊的刊发情况统计表

期刊名称	期刊类型	刊发量	复合影响因子	综合影响因子	刊发持续时间
传媒	北核/C扩	13	1.114	0.361	2013—2021
现代传播	北核/C刊	12	3.261	1.652	2001—2020
青年记者	北核	10	0.581	0.161	2012—2019
中国广播电视学刊	北核/C扩	6	0.448	0.117	2013—2022
新闻界	北核/C刊	4	3.843	1.981	2011—2013
当代电视	C扩	4	0.870	0.165	2015—2021
职教论坛	北核	3	1.842	1.340	2013—2016
新闻爱好者	北核/C刊	3	1.307	0.551	2008—2018
未来传播	C扩	2	0.542	0.167	2019—2020
电视研究	北核/C刊	2	0.614	0.180	2020—2022

3.研究机构

共有369个研究机构对播音与主持艺术人才培养展开研究,有215家研究机构的发文量为一篇。当前对于播音与主持艺术人才培养的研究,发文单位较为分散,涉及播音与主持艺术人才培养的研究机构除了高等院校外,包括国家四级广播电视台以及广播电视管理机构,表明播音与主持艺术人才培养的研究成为学界和业界共同关注的研究热点。

为了呈现更为重要的研究主体,本文统计了发文量排名前10位的研究机构。根据表3可知,在排名前10位的研究机构中,有4所艺术类院校,1所高职院校。10所研究机构共计发文145篇,占总刊文量的17.2%。浙江传媒学院以24篇位居刊文量第一位,其刊文持续时间为15年;中国传媒大学的刊文持续时间最长,为22年。从刊文量和刊文持续时间两个指标来看,浙江传媒学院、四川电影电视学院、吉林艺术学院、中国传媒大学是播音与主持艺术人才培养重要的研究单位。由于当前媒介技术和媒介生态变化对播音与主持艺术人才的培养产生了重要的影响,不少研究来自业界探讨,尽管发文量较少,但仍不可忽视。

表3 排名前10的研究机构的刊发情况统计表

机构名称	刊文量	刊文量占比	研究持续时间
浙江传媒学院	24	2.8%	2008—2022
四川电影电视学院	22	2.6%	2003—2022
吉林艺术学院	19	2.2%	2013—2021
中国传媒大学	17	2.0%	2001—2022
哈尔滨师范大学	14	1.7%	2013—2022
河南大学	11	1.3%	2010—2022
河南工业大学	10	1.2%	2011—2022
湖南大众传媒职业技术学院	10	1.2%	2008—2022
平顶山学院	9	2.8%	2008—2021
湖南女子学院	9	2.6%	2016—2021
总计	145	17.2%	2001—2022

4.核心作者

播音与主持艺术人才培养的领域共有803位研究者,其中有661位研究者的发文量仅为一篇。731项研究成果中的独立研究为714项,占总体研究的84.5%;合作研究为131项，占总体研究的15.5%。表4统计了本领域发文量排名前10位的研究者，10位研究者共刊发49篇文章，占总刊发量的5.8%。根据半衰期理论，刊文量大且研究持续时间长的作者为本领域的核心研究者，罗幸（广西艺术学院）、肖潇（哈尔滨师范大学）为本领域的核心研究者。

表4　发文量排名前10的研究者的刊发情况统计表

作者名称	刊文量	刊文量占比	研究持续时间
肖潇	7	1.3%	2016—2022
罗幸	7	1.3%	2011—2018
刘宜林	5	0.9%	2018—2020
刘琼	5	0.9%	2010—2016
李俊文	5	0.9%	2017—2022
王耀民	4	0.7%	2017—2020
汪汶	4	0.7%	2011—2022
帖洪宇	4	0.7%	2015—2016
李丹	4	0.7%	2011—2014
曾致	4	0.7%	2008—2010
总计	49	5.8%	2008—2022

利用CiteSpace软件进行作者合作分析，如图2所示，分析得到 N=171，E=0，Density=0，意即节点数171个，连线0条，密度为0。此结果表明播音与主持艺术人才培养研究领域的作者合作成果少、合作强度低。由此可知，本领域的研究多为散点式研究，并未形成稳定的研究团队。

图2　作者合作网络图谱

（二）播音与主持艺术人才培养研究的热点主题

1.词频分析与关键词共现

词频是所要分析的文本中某词语出现的次数，在文献计量学中，词频分析通过提取文献信息中能够表达文献核心内容的关键词，根据关键词的高低分布研究该领域发展动向和研究热点。①通过对845篇文献的关键词进行词频统计，共得到播音与主持艺术人才培养的关键词1117个，生成关键词表，将数据导入Word Clouds生成播音与主持艺术人才培养的词云图（前50），如图3所示。其中，词频排名前10位的有播音主持（360次）、人才培养（207次）、播音主持专业（136次）、新媒体（53次）、教学改革（42次）、人才培养模式（41次）、培养模式（36次）、播音与主持（35次）、实践教学（33次）、播音与主持艺术专业（33次）。出现频次高的关键词在一定程度上能够反映一个研究领域的热点问题，以上统计的高频词如培养模式、教学改革、实践教学等反映了当前播音与主持艺术人才培养的关键问题。

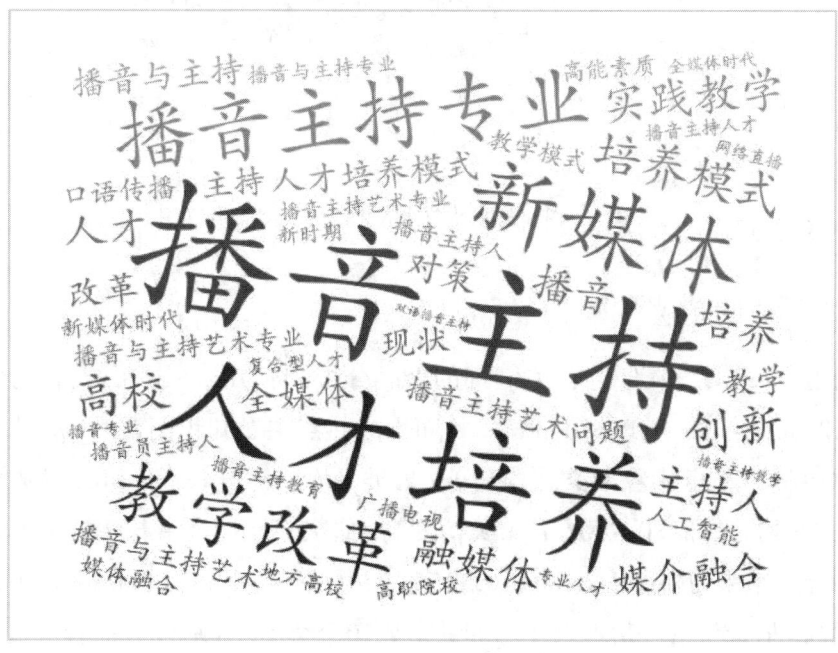

图3　播音与主持艺术人才培养研究词云图（前50）

---

① 李杰，陈超美.CiteSpace科技文本挖掘及可视化[M]. 北京：首都经济贸易大学出版社，2017：200-201.

关键词的共现分析是对数据集中作者提供的关键词的分析。[①]将上文提到的播音与主持艺术人才培养的关键词表导入CiteSpace进行关键词共现分析,将关键词标签(Keyword Labels)中的临界值(Threshold)设置为16,字体大小(Font Size)设置为7,节点大小(Node Size)设置为0,得到播音与主持艺术人才培养关键词共现图,如图4所示,播音主持、人才培养处于所有关键词的核心位置,而与两者联系较为紧密的关键词,如教学模式、教学改革、实践教学、新媒体、融媒体、媒介融合等说明播音与主持艺术人才培养受到媒介生态和技术的影响较大而受到较多的关注。

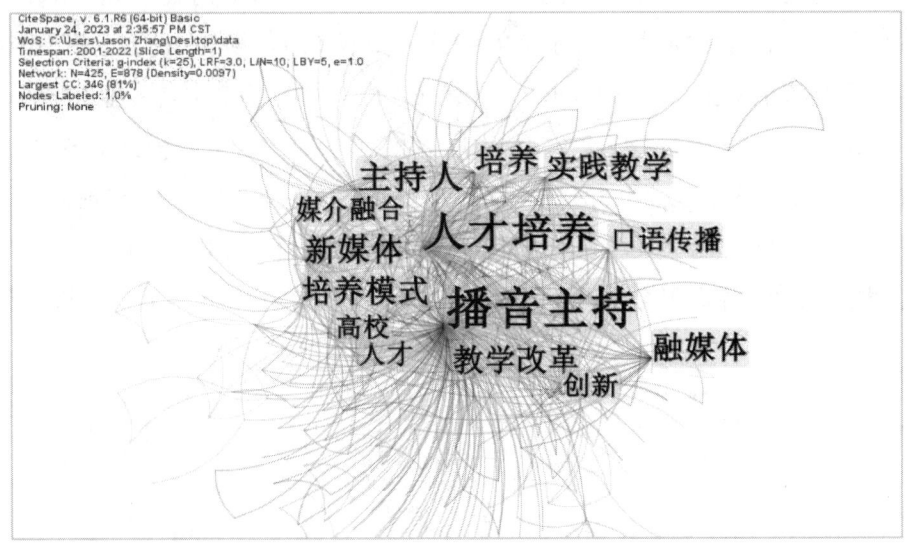

图4　播音与主持艺术人才培养关键词共现图

2.聚类分析与热点主题

通过CiteSpace软件进行关键词的聚类分析,将Time Slicing设置为2001.1—2022.12,#YEARS PER SLICE=2,从而生成热点主题知识图谱。一般认为聚类模块值(Q值)>0.3意味着聚类结构显著;聚类平均轮廓值(S值)>0.5意味着聚类合理,聚类平均轮廓值>0.7意味着聚类信度高。如图5所示,播音与主持艺术人才培养的聚类分析结果为Modularity Q=0.5256,聚类结果显著;Silhouette S=0.8595,聚类信度高。播音与主持艺术人才培养共形成10个类团,分别代表播音与主持艺术人才培养的10个热点领域。结合每一类团相对应的重要文献进行细读,进一步将10

---

① 李杰,陈超美.CiteSpace科技文本挖掘及可视化[M].北京:首都经济贸易大学出版社,2017:202.

个类团归纳为三大研究主题。

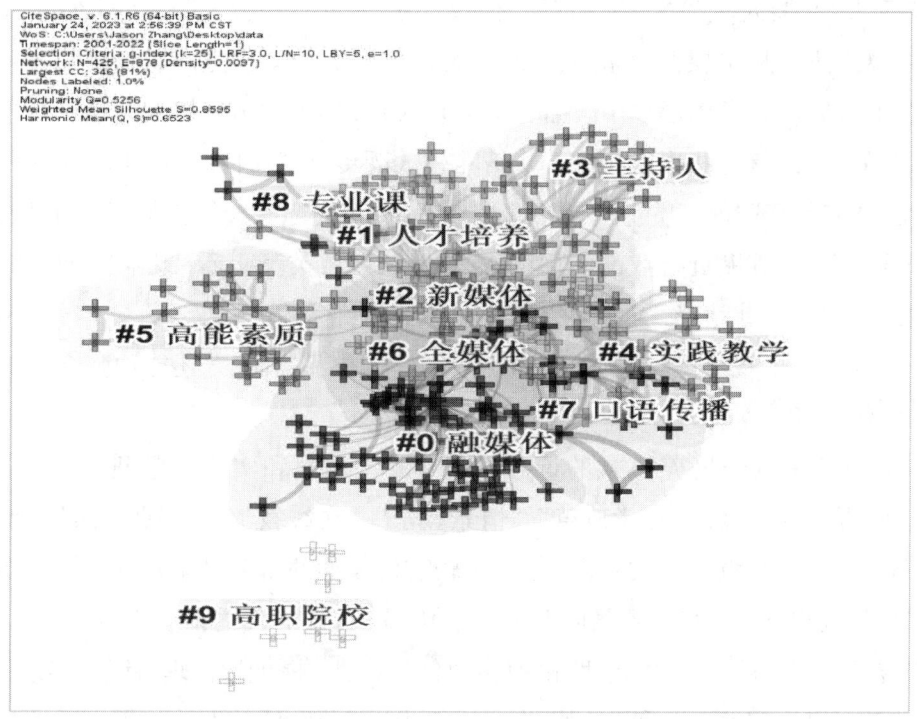

图5　播音与主持艺术人才培养热点主题知识图谱

　　主题一是技术和产业变革下的培养模式研究（#0、#2、#6）。该研究主题包括"融媒体""全媒体""新媒体""智能媒体""人工智能"等关键词，即面对当前传统媒体与新媒体融合发展态势带来的传受方式、使用习惯和思维模式的变化，置于技术和生态角度进行的培养模式研究。从研究背景上看，当下的研究多与现时的融媒体发展、新媒体变迁、全媒体进路相联，罗幸指出互联网思维创造的新发展生态能够对教学改革和人才培养提供启发，用户思维将学生、课程、管理和实践融合为多元互动模式，跨界思维为培养复合型传媒人才提供动力机制，平台思维为教学科研能力提升提供保障[①]；从研究方法上看，思辨研究占大多数，且成为这一领域研究的主流，还有少量研究采用量化研究方法，主要以问卷法对行业需求进行调研，鲁景超采用问卷法与访谈法相结合的方式将传媒业变化对播音主持人才培养的影响和需求进行了历时性研究[②]，跨度长达五十余年，具有较强的指导意义。

---

① 罗幸.互联网思维下的播音主持人才培养探究[J].中国主持传播研究，2018(00)：14-18.
② 鲁景超.传媒变局对播音主持人才培养的影响和要求——基于对中国传媒大学毕业生的问卷与访谈[J].现代传播(中国传媒大学学报)，2016，38(4)：149-152.

主题二是基于院校自身定位的特色培养模式研究（#1、#3、#5、#9）。该研究主题包括"复合型人才""一专多能""体育产业""地方高校""民办高校""民汉双语"等关键词。从院校类型来看，从中央部属本科高校到地方高职院校的特色培养模式均有所涉及，鲁景超以中国播音史为切入点，回顾中国传媒大学播音与主持艺术教育的发展历程，指出当前的人才培养模式既传承革命传统又与时俱进；张权则以社会调查与高职教育质量指导意见为参考，提出高职院校培养模式应走"工学结合的路子"，培养贴近行业的实用型人才；①从区域类型上看，既兼顾面向民族地区的民汉双语人才培养，又涵盖以跨文化传播为目标的中外双语人才培养，不仅能提升多语广播电视节目制作质量、满足多语译制作品需求，②还能加强多民族和国际的文化交流。

主题三是基于培养模式的课程建设、课堂教学和实践教学研究（#4、#7、#8）。该研究主题包括"教学改革""情景教学""在线教学""四课融合""课程思政"等关键词。在教学模式研究方面，比较有代表性的研究是华东师范大学传播学院陈虹与杨启飞的《基于场景匹配的口语传播：智媒时代之播音主持教育》，针对当今传播场景日趋虚拟化、个性化和移动化的特性，提出从梳理口语传播理念、搭建全（融）媒体实践平台和"价值、知识、能力"三位一体的人才培养体系这三个维度对传播场景进行匹配③。在教学体系设计研究上，付程认为一套合格的课程与教学体系应满足党性原则、符合政策要求、保持学科独立性、保证内容的科学性与灵活性、处理好专业教育与素质教育的关系、理论与实践并重、解决专业课与专业基础课的矛盾和优化学科知识结构等八个方面。④陈恋在注重课程设计和教材编写的基础上，还提出调整录取方式、规范招生人数、抓紧区位和方言优势进行本土化培养的建议。⑤在实践教学方面，唐银国提出三级"走岗"式实践教学体系，即专业课程走岗、专属项目走岗、小学期实践与专业实习走岗。⑥陈佳提出"项目+模块"式实践教学体系，结合创新创业教育，使学生在专业学习、能力培养、技能展示、社

---

① 张权.高职院校播音主持专业人才培养探究[J].当代电视，2015(7)：106-107.
② 刘扬，孙雅萌."一带一路"倡议下，对云南双语播音人才培养的思考[J].中国主持传播研究，2018(00)：141-146.
③ 陈虹，杨启飞.基于场景匹配的口语传播：智媒时代之播音主持教育[J].现代传播(中国传媒大学学报)，2020，42(6)：164-168.
④ 付程.21世纪对播音主持艺术专业教育的要求[J].现代传播（北京广播学院学报），2001(1)：115-120.
⑤ 陈恋.播音与主持艺术专业人才培养模式浅探——以广东高校为例[J].中国广播电视学刊，2013(4)：57-58.
⑥ 唐银国.播音主持"走岗"式实践教学体系研究[J].中国广播电视学刊，2020(6)：82-83.

会实践等环节融会贯通①。

(三)播音与主持艺术人才培养研究的前沿演进

突现分析(Burst)主要考察关键词频次的历时变化,检测出频次增长速率高的突现词(Burst Terms),用以分析研究的前沿领域和发展趋势。②从图6可知,2001—2022年播音与主持艺术人才培养研究共出现6个突现词,培养模式的突现度为4.95,研究前沿周期为2010—2013年,正值播音与主持艺术人才培养研究的稳步增长阶段,这一阶段的研究试图对播音与主持艺术人才培养模式的多样性和创新性进行探讨。其余5个突现词均出现在播音与主持艺术人才培养研究的快速发展阶段,突现度为高值的融媒体(6.77)、人工智能(6.04)、新媒体(3.77)构成当前的研究前沿,集中探讨媒介技术发展和媒体生态对播音与主持艺术人才培养带来的机遇、挑战以及应对策略。

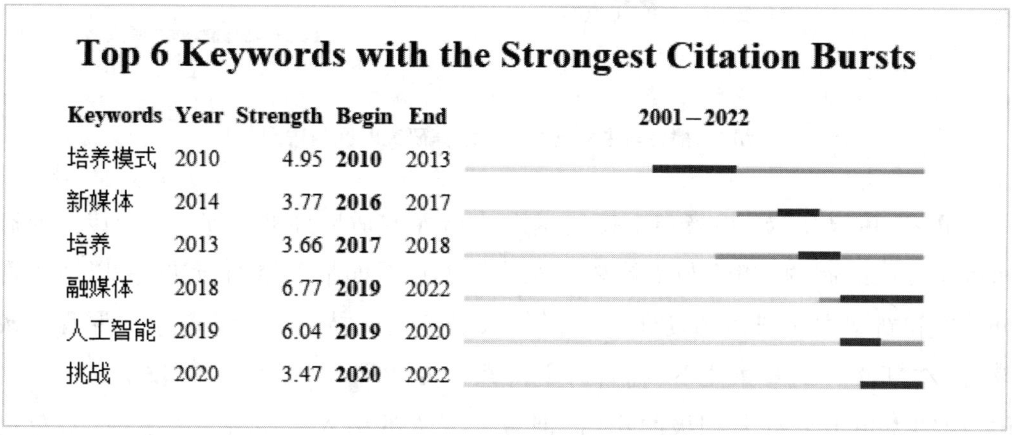

Top 6 Keywords with the Strongest Citation Bursts

Keywords	Year	Strength	Begin	End	2001—2022
培养模式	2010	4.95	2010	2013	
新媒体	2014	3.77	2016	2017	
培养	2013	3.66	2017	2018	
融媒体	2018	6.77	2019	2022	
人工智能	2019	6.04	2019	2020	
挑战	2020	3.47	2020	2022	

图6 播音与主持艺术人才培养研究突现词视图

借助VOS Viewer软件,生成播音与主持艺术人才培养研究时区演进图。关键词标签的颜色越趋近于深灰色,表明该关键词出现的时间越早,关键词标签的颜色越趋近于浅灰色,表明关键词出现于新近的研究之中。结合图5及图7所示,人才培养(#1)持续时间较长,发文量较大,该主题一直处于基于院校自身定位的特色培养模式研究的核心,主持人(#3)和高职院校(#9)播音主持人才培养是这一研究主题的重要分支。而置于媒介技术和生态变迁的视野之下的人才培养探讨也是从

---

① 陈佳.模块+项目高校播音与主持艺术专业实践教学探索[J]. 高教论坛, 2021(10): 50−52+74.
② 叶松东.文献计量学视角下国内外青少年体育研究比较分析[J]. 南京体育学院学报, 2021, 20(8): 38−49.

特色培养模式中衍生出来的，正是在技术和产业变革的影响下，播音主持教育要因时而动，先后出现与融媒体、全媒体、新媒体乃至人工智能技术相结合的研究，进一步聚焦浅灰色标签的关键词所处区域预测未来的研究趋势。

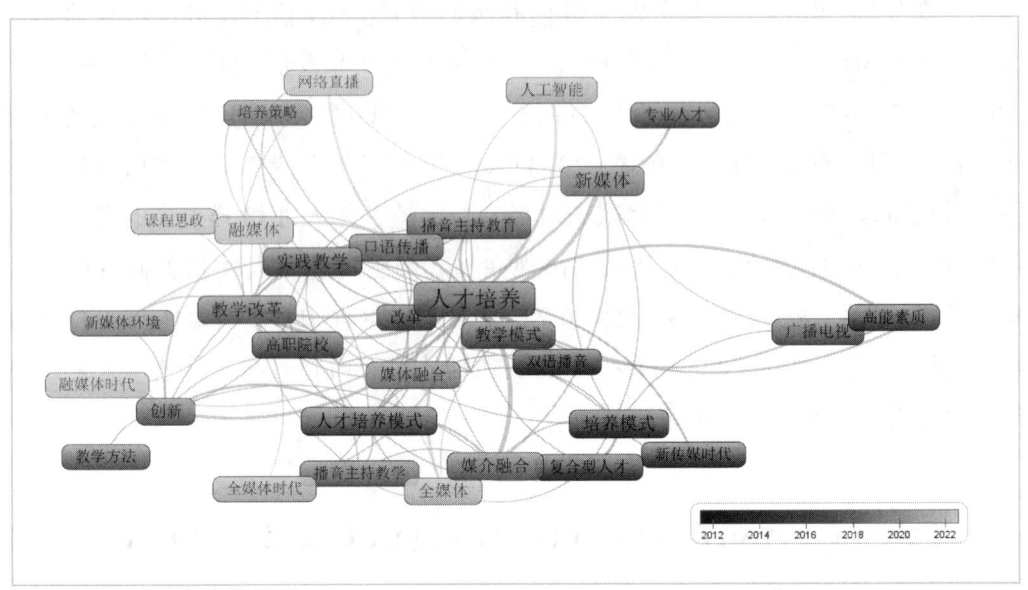

图7　播音与主持艺术人才培养研究时区演进图

第一，传媒变局、播音与主持艺术人才培养的适应性变革研究。受传播业态和运作方式的制约，播音与主持艺术人才培养体系面临着重组与迭代，以适应融合传播和新型主流媒体的发展要求。第二，播音与主持艺术专业教学的课程思政策略。在新文科的背景之下，播音与主持艺术专业课程教学、实践教学在传承文化、引领思想上发挥着积极的作用，但思政元素的引入需要将中国精神、红色血脉、华夏文化与专业知识有机结合才能在培养人才方面大有可为。以上研究问题在一定程度上突破了播音与主持艺术人才培养的艺术本体和文化维度的研究，拓展了当前播音与主持艺术人才培养研究的社会意义和功用，但现有成果较少，还值得进一步探究。

三、结论与讨论

（一）结论

本研究以2001—2022年中国播音与主持艺术人才培养研究的845篇期刊文献

为研究样本，总结梳理了二十多年来中国播音与主持艺术人才培养领域的研究成果的时序分布、发布平台、研究机构、核心作者、热点主题和前沿趋势等内容，得出结论如下：

第一，从总体概况上看，年发文量显示播音与主持艺术人才培养研究在2011年之前发展缓慢，此后进入迅速发展阶段，2019年达到研究的历史最高峰，2020年至今研究成果虽有所回落，但进入稳步发展阶段。刊发播音与主持艺术人才培养研究成果的期刊较多但研究较为分散，《现代传播》是最早刊发人才培养模式研究的核心期刊，亦是持续时间最长的核心期刊；核心期刊中刊文量最多的是《传媒》；而《西部广播电视》在所有类型的期刊中刊发该类型文章最多。当前共369个研究机构对播音与主持艺术人才培养展开研究，包括高等院校、传媒机构以及广播电视管理机构，如浙江传媒学院、四川电影电视学院、吉林艺术学院、中国传媒大学是播音与主持艺术人才培养重要的研究单位。本领域的研究多为散点式研究，核心作者少且未形成稳定的研究团队。

第二，从热点主题上看，当前播音与主持艺术人才培养集中在"技术和产业变革下的培养模式研究""基于院校自身定位的特色培养模式研究"以及"基于培养模式的课程建设、课堂教学和实践教学研究"三大主题上，并呈现出从宏观到微观化的研究趋势。

第三，从前沿演进上看，尽管播音与主持艺术人才培养体系先后在新媒体、全媒体、融媒体、人工智能技术背景下进行适应性变革，以应对融合传播和新型主流媒体的发展要求，但不断衍变的媒介技术与生态如何影响播音与主持艺术人才培养依旧成为未来亟待探讨的话题之一；与此同时，在新文科的背景之下，探究播音与主持艺术专业课程思政的实践路径，如何将思政元素有机融入专业知识，发挥思想引导、价值引领的重要作用，现有成果较少，仍有待进一步探究。

（二）讨论

从二十多年的研究成果来看，学界和业界对播音与主持艺术人才培养研究有着持续不断的热度，从最初艺术本体和文化维度的讨论，逐渐过渡到播音与主持艺术人才培养的社会功能和文化意义，再到如今跨学科视角的出现，研究不断向纵深发展并进入新的研究阶段。播音与主持艺术人才培养研究贯穿广播电视宣传事业的不同历史时期，并伴随着媒介技术和媒体生态的变化而不断调整。积累的研究成果除了对具体的传媒实践起到了引领和助推作用，还能够对媒介大变局中涌现的新问题予以思考和启迪。

在研究内容上，如前所述，尽管对媒介技术与媒体生态影响下的培养模式适应性变革、以地理区位和自身定位确立的特色化和差异化培养模式以及从宏观培养模式向微观教学实践转变等热点有所讨论，但还存着极大的探讨空间。首先，在媒介融合和技术变迁的趋势之下，当前研究多从宏观层面分析播音与主持艺术人才培养模式在新媒体、全媒体、融媒体进程中的衍变机理，微观层面的技术迭代特别是AR、VR、MR等人工智能技术对播音与主持艺术人才培养模式产生的影响还较少有研究；其次，《中国广播电视年鉴》的统计数据显示：当前中国开设播音与主持艺术专业的高校已达360余所，在培养模式上主要以"北广模式""浙传模式""上戏模式"为主，在一定程度上造成了播音与主持艺术人才培养出现模式单一、缺乏特色和能力趋同的弊病。中国传媒大学、浙江传媒学院、河北大学、南京传媒学院等众多教研单位以国家战略为指导，以电竞行业、体育产业、电子商务、社交媒体和社群经济为依托，将电竞解说、体育解说、KOL主播、剧本杀DM等纳入播音主持传播样态之中，形成以广播电视为主体，兼顾网络平台和市场属性的跨媒介口语传播人才培养路径；最后，播音与主持艺术人才培养模式经过二十年的理论建设和实践经验积累在宏观层面已逐步走向成熟，近年来，研究开始向微观实践过渡，关注具体的课程建设、课堂教学、实践教学以及教学法的应用如何落实培养体系的目标要求，除此之外，课程思政如何和播音与主持艺术人才培养进行有机结合亦值得进一步的探讨。

在研究方法上，当前的播音与主持艺术人才培养研究主要是以经验总结、对比视野为路径的思辨研究，亦可采用调查问卷、实验法等量化研究路径和田野调查、深度访谈等质化研究路径对播音与主持艺术人才培养进行实证研究，探讨播音与主持艺术人才的市场需求、培养质量及其影响因素。多元研究方法的使用，在一定程度上也拓宽了播音与主持艺术人才培养的研究面向。

在研究视角上，播音与主持艺术人才培养研究涉及戏剧与影视学、新闻传播学、语言学及应用语言学、文学、文化人类学、社会学等诸多学科，在新文科的背景之下打破学科知识壁垒，增强跨学科的互动，为播音与主持艺术人才培养研究增添新的活力，从而推动播音与主持艺术人才培养研究理论与实践问题的解决。

青年论坛

虚拟主播构建竞争优势的组合类型研究
——基于B站50个虚拟主播案例的QCA分析

◎ 倪虹悦*

摘要：虚拟主播行业的诞生发展，不但产生了巨大的经济效益，也推动了网络文化产业的多元进步。研究以启发式-系统式模型（HSM）为基础，选取B站50个营收排行位居前列的虚拟主播为样本，运用定性比较分析（QCA）的研究方法进行研究，以期考察虚拟主播构建竞争优势的重要因素与组合类型。研究发现，虚拟主播构建竞争优势有四种最突出的条件组合，分别为全能型团队主播、内容驱动型新人主播、陪伴型全职主播、互动型知名主播。此外，内容丰富度与内容原创性因素在四种组合中均发挥重要作用。

关键词：虚拟主播，B站，定性比较分析（QCA），启发式-系统式模型（HSM）

一、引言

自2016年全球第一位虚拟主播诞生，虚拟主播热度便迅速增长，并逐渐在国内形成了一条全新的产业链。2021年，我国网络直播行业市场规模达1844.42亿元，[①]虚拟主播作为其中的重要组成部分，不仅产生了巨大的经济效益，也推动了网络文化产业的多元进步。但当前我国虚拟主播行业仍处于早期发展阶段，在经历野蛮生长的同时，还在不断探索可行、可持续的发展路径。因此，对优秀虚拟主播经营的组合类型进行分析具有重要的参考意义。

B站作为极具活力的虚拟社区网络平台，至2022年2月，吸引了超3万名虚拟主播入驻。[②]随着虚拟主播的大量涌现，B站如何吸引消费者，如何构建竞争优势，值得我们进一步探索。从市场营销的角度来看，虚拟主播直播构成了一种新的营

---

* 倪虹悦，郑州大学新闻与传播学院硕士研究生。
① 中国证券网. 2021年底我国网络表演（直播）行业市场规模达1844.42亿元 主播账号累计近1.4亿[EB/OL]. (2022-08-10)[2022-08-14]. https://news.cnstock.com/news, bwkx-202208-4936928.html.
② 金融投资报. B站"押宝"加码虚拟形象领域，虚拟主播在真人面前眼下还是有点尴尬[EB/OL]. (2022-02-21)[2022-08-15]. https://c.m.163.com/news/a/H0OKJ9310519QIKK.html.

销方式,而主播的影响力、信息可信度等众多因素对消费者的打赏行为产生着影响。[1]启发式-系统式模型(HSM)认为,人们会从高认知成本的内容与低认知成本的非内容两个维度处理信息。既往研究也表明,从内容维度来看直播内容的有用性,[2]以及从非内容维度来看,直播时长、弹幕互动等因素均对直播效益产生影响。[3]

目前,学界对虚拟主播的研究较少,且多以思辨的方式对其行业现状、伦理冲突等内容进行探究,未见对虚拟主播竞争优势、经营模式等的研究成果。因此,本研究以启发式-系统式模型(HSM)为基础,增加主体维度的影响因素,采用QCA的定性比较分析方法,以期探索不同变量对虚拟主播竞争优势构建的影响,并进一步厘清虚拟主播的不同经营模式。综上,本文的研究问题为:第一,在主体属性、情境属性、内容属性三个维度,哪些变量是影响虚拟主播直播效益的关键变量?第二,虚拟主播构建竞争优势的组合类型是什么?第三,为什么是这些变量在起作用,其背后的作用机制是什么?

二、理论基础与文献回顾

(一)虚拟主播:定义与研究现状

虚拟主播最早可追溯到1984年英国创造的虚拟人物Max Heardroom。在研究中,虚拟偶像、虚拟主播是近似却不同的两个概念。早期的虚拟偶像以初音未来等借助算法和设备表演的虚拟歌手为代表。他们通过预先的计算编程进行语言合成、3D视频编排,生成与人类歌手相似的艺术产品。然而虚拟主播没有像虚拟偶像一样的统一生产模式,其被认为是以原创的虚拟人格、形象,在视频网站中进行投稿、直播的真人主播。[4]因此,从生产流程角度来看,虚拟主播的门槛更低。而

---

[1] 赵兴庐,张婧.直播管理、弹幕互动与用户付费打赏——基于781段直播样本的经验证据[J].科技和产业,2022,22(3):14–22.

[2] 孟陆,刘凤军,段珅,赵怡君.信息源特性视角下网红直播对受众虚拟礼物消费意愿的影响[J].管理评论,2021,33(5):319–330.

[3] 赵兴庐,张婧.直播管理、弹幕互动与用户付费打赏——基于781段直播样本的经验证据[J].科技和产业,2022,22(3):14–22.

[4] 陈一奔,宋钰.真实与虚拟的双重扮演——虚拟主播的演变、问题与展望[J].青年记者,2022(8):95–97.

在对话互动中，虚拟偶像的本质是受众与AI的互动，虚拟主播则是真人与真人的互动，从这一视角来看，虚拟主播的人性化特征与互动性更强。综合来看，虚拟主播有如下特征：一是虚拟的人格与形象；二是网络背后有真人操作者；三是专业生产内容（PGC）和用户原创内容（UGC）并存的生产模式。

国内外已有部分研究聚焦于虚拟主播的行业发展现状与发展问题。如范镇林和冯哲辉（2021）认为，我国虚拟主播行业已展现出巨大的商业价值与市场潜力，但也存在内部固化、缺乏活力、资本助力发展短视等问题。① 除了上述基于产业经营的研究视角之外，虚拟主播本质上也是一种传播模式的创新，因而引发了学者对于媒介化的种种思考。一方面，从具身化的视角来看，虚拟主播形象作为一种身体的叙事符号，实现了身体在传播中的回归，而这种身体符号中的性别可以与现实相反，进而形成数字性别，并构建出一种特定的女性气质。② 另一方面，从文化传播的视角来看，虚拟主播被认为构建了一种新的参与式文化，虚拟主播的存在取决于他的粉丝。③

综上，目前国内外对于虚拟主播的研究主要基于现实情况的叙述与社会影响的思辨，缺乏对虚拟主播竞争优势、经营模式的实证研究。因此，本文基于定性比较分析的方法对虚拟主播优势因素组态进行研究是有必要的。

（二）启发式-系统式模型（HSM）

启发式-系统式模型（HSM）是解释个人信息处理过程的理论模型，也称为双处理理论模型，最初由心理学家柴肯（Chaiken）提出。④ 该模式认为个人的信息处理过程存在两种路径，一种是启发式信息处理，即通过较少的认知努力，基于非内容的外部情境信息进行判断；另一种是系统式信息处理，即付出较多的认知努力对信息内容进行系统评估。在既往的研究中，该模型为解释个体的行为选择提供了理论支持。如Liao和Sundar（2021）发现启发式-系统式模型可以用于解释消费

---

① 范镇林,冯哲辉.我国虚拟主播行业发展现状研究[J].现代视听,2021(3):44-49.
② BREDIKHINA L, GIARD A. Becoming a virtual cutie: digital cross-dressing in Japan[J]. Convergence, 2022: 1-20.
③ Jiang C. The making of popstar fembots: participation, co-creation, or online cultural exploitation?[J]. Hybrid, 2022 (8): 1-12.
④ CHAIKEN S. Heuristic versus systematic information processing and the use of source versus message cues in persuasion[J]. Journal of personality and social psychology, 1980, 39(5): 752-766.

者对电商产品的选择偏好。[①]刘思琦和曾祥敏（2022）基于该模式将"知识类短视频"UP主受欢迎的因素划分为内容属性因素和情境属性因素，并发现技术包装、专业生产者等因素是该类UP主受欢迎的关键因子。[②]

直播打赏本质上是一种消费选择行为，这使网络互动呈现出经济效益性，也使受众行为可以被系统性分析。目前，虽有大量文献基于启发式-系统式模型对个人的选择行为、消费行为进行考察，但未见针对虚拟主播进行的相关研究。因此，本文以该模式为基础，增加主体维度的影响因素，共构建三个维度、八个变量对虚拟主播竞争优势的构建情况进行分析。

三、研究设计

（一）QCA定性比较分析法

定性比较分析法（Qualitative Comparative Analysis）最早由查尔斯·拉金（Charles C. Ragin）1987年提出，该方法基于布尔代数原理对案例的影响因素组合进行考察。[③]本研究以csQCA，即处理二分变量的清晰集定性比较为研究方法，并使用"fsQCA3.0"进行必要性、条件组态等分析操作。

本研究选用该方法的合理性在于：一是虚拟主播的竞争优势受多种因素影响，且不同的组合形式形成虚拟主播不同的经营模式。QCA技术的组态分析为考察这一问题提供了思路。二是QCA分析方法聚合了定量与定性研究方法的优势，避免了定性研究主观性过强的问题，同时又规避了定量研究因样本数量限制观察深入性的缺点。因此，使用QCA方法对虚拟主播的竞争优势与经营模式进行考察具有合理性。

（二）案例选取

作为国内虚拟主播的大本营，截至2022年2月21日，B站平台虚拟主播人数已超

[①] LIAO M, SUNDAR S S. When e-commerce personalization systems show and tell: investigating the relative persuasive appeal of content-based versus collaborative filtering[J]. Journal of advertising, 2022, 51(2): 256-267.

[②] 刘思琦,曾祥敏.知识类短视频关键构成要素及传播逻辑研究——基于B站知识类短视频的定性比较分析（QCA）[J]. 新闻界, 2022(2): 30-39+48.

[③] RAGIN C C. The comparative method: moving beyond qualitative and quantitative strategies[M]. Berkeley: University of California Press, 1987: 71.

过3万。①本研究以B站中入驻的虚拟主播为研究对象,以B站中的高能主播标签,以及DARKFLAME提供的B站虚拟主播营收排行榜作为参考,排除部分直播时长过短,难以进行统计分析的虚拟主播,选取出现频率较高且具有代表性的50个样本案例(表1)。

表1 B站虚拟主播典型案例

1.Overidea_China	2.冰糖IO	3.贝拉kira	4.七海Nana7mi	5.星瞳_Official
6.阿萨Aza	7.雪狐桑	8.眞白花音_Official	9.lvlv	10.茭白柒
11.阿梓从小就很可爱	12.巴老师的小号	13.永雏塔菲	14.亦之紫F	15.Asaki大人
16.Luca_EN_Official	17.梦音茶糯	18.C酱です	19.東雪蓮Official	20.蜜汁粥粥_
21.shoto_official	22.蕾尔娜Leona	23.鱼丸粥ovo	24.星宫汐Official	25.向晚大魔王
26.罗伊_Roi	27.小可学妹	28.量子少年-慕宇	29.香取绮罗_kira	30.柚恩不加糖
31.美波七海-official	32.穆小泠Official	33.HiiroVTuber	34.米诺高分少女	35.ninnikuu
36.切茜娅CheIsea	37.咩栗	38.阿黛不太呆	39.星汐Seki	40.Akie秋绘
41.桃几OvO	42.小柔Channel	43.岱川Doris	44.伊万_iiivan	45.Vox_EN_Official
46.明前奶绿	47.奈姬niki	48.神楽Mea_NHOTBOT	49.申岚_Official	50.鸣米

(三)变量设计

根据QCA的方法,研究将诸变量划分为影响变量与结果变量两类。此外,结合既往研究与启发式-系统式模型(HSM),本研究将营收金额作为结果变量,将影响变量分为3类共8个因变量,即主体属性类变量——知名度、拟人度;情境属性类变量——直播时长、互动人数、账号归属;内容属性类变量——符号丰富度、内容丰富度、内容原创性。在变量赋值方面,csQCA通常以均值作为二分赋值的分界,但考虑到部分变量数据存在极值,因此部分变量以中位数作为赋值分界,具体变量与赋值见表2。

---

① 金融投资报. B站"押宝"加码虚拟形象领域,虚拟主播在真人面前还是有点尴尬[EB/OL]. (2022-02-21)[2022-08-15]. https://c.m.163.com/news/a/H0OKJ9310519QIKK.html.

表2 变量设计与赋值

变量类型		变量名称	变量说明	赋值
影响变量	主体属性	知名度	粉丝数量>470,640人	1
			粉丝数量<470,640人	0
		拟人度	人化特征强	1
			人化特征弱	0
	情境属性	直播时长	直播时长>83.452小时	1
			直播时长<83.452小时	0
		互动人数	互动人数>32,746人	1
			互动人数<32,746人	0
		账号归属	企业或社团经营的账号	1
			个人经营的账号	0
	内容属性	符号丰富度	人物服装、直播场景丰富	1
			人物服装、直播场景单一	0
		内容丰富度	长期直播内容超过一种	1
			长期直播内容仅有一种	0
		内容原创性	有原创歌曲、画作等	1
			无原创歌曲、画作等	0
结果变量	营销效果	营收金额	营收金额>289,990元	1
			营收金额<289,990元	0

1.主体属性类变量

霍夫兰的说服效果研究表明,主体的属性将影响受众对内容的接受度。既往相关研究也展示出主体特征将影响受众意愿,如Huang等(2022)通过构建虚拟偶像特征对购买意愿的影响模型,发现知名度、拟人度、与品牌的相关性、与消费者的同质性是正向影响购买意愿的重要因素。[①]由于B站直播具有开播提醒功能,因此可推测具有较高知名度的虚拟主播能快速获取直播热度,进而实现直播流量滚雪球式增长,提高营销效果。本文将粉丝数量大于470,640的赋值为[1],反之,赋值为[0]。此外,通过对B站虚拟主播的观察发现,虚拟主播虽均为虚拟形象,但具

---

① HUANG Q Q, QU H J, LI P. The influence of virtual idol characteristics on consumers' clothing purchase intention[J]. Sustainability, 2022, 14(14): 1–20.

有拟人度的差异，一部分虚拟主播形象的人化特征更强，另一部分虚拟主播以动物为虚拟形象。本文将人化特征强的虚拟主播形象赋值为[1]，反之，赋值为[0]。

2.情境属性类变量

在启发式信息处理模式下，个体倾向于通过情境信息进行认知。王金良等（2021）发现直播时长与互动性可以有效影响消费者的消费行为。[①]此外，娱乐型直播网红的互动性、吸引力也被认为是唤起消费者最显著的因素。[②]因此，可以推测虚拟主播的直播时长、互动人数可以影响其营收效益。本文将直播时长大于83.452小时的赋值为[1]，反之，赋值为[0]；将互动人数大于32,746的赋值为[1]，反之，赋值为[0]。

从规模性、专业化发展的角度来看，如今主播孵化机构的不断发展也使主播出现了拥有运营团队与个人经营的账号类型。董晨宇和叶蓁（2021）发现高收入的主播往往拥有一个团队来协助工作。[③]如今虚拟主播主要分为个人式、企业和社团式，前者由个人经营，后者则为企业或社团经营。虽然从规模效益的角度来看，企业、社团形成的规模经济往往能推动主播早期流量的形成，从而影响营收效益；但企业、社团也有可能桎梏虚拟主播的创造力。因此，本文将企业或社团经营的账号赋值为[1]，个人经营的账号赋值为[0]。

3.内容属性类变量

大量既往研究均证明了内容的优质会影响受众的网络信息消费选择。此外，针对虚拟主播的相关研究也认为虚拟主播需要确保内容的优质才能实现价值的有效开发。[④]本文设置三个内容属性类变量，分别为符号丰富度、内容丰富度、内容原创性。在符号丰富度变量中，虚拟主播的人物服装、直播场景丰富赋值为[1]，反之，赋值为[0]；在内容丰富度变量中，长期直播内容超过一种的赋值为[1]，反之，赋值为[0]；在内容原创性变量中，有原创歌曲、画作等的虚拟主播赋值为[1]，反之，赋值为[0]。

---

① 王金良,贾冀南,郭晓磊.网络直播背景下城镇居民农产品消费意愿与行为一致性研究[J].统计学与应用, 2021, 10(6): 941-949.
② 孟陆,刘凤军,陈斯允,段珅.我可以唤起你吗——不同类型直播网红信息源特性对消费者购买意愿的影响机制研究[J].南开管理评论, 2020, 23(1): 131-143.
③ 董晨宇,叶蓁.做主播：一项关系劳动的数码民族志[J].国际新闻界, 2021, 43(12): 6-28.
④ 林海翔.中国虚拟主播业破圈热的困境与破局之道[J].社会科学前沿, 2020, 9(12): 1867-1876.

4.结果变量

虽然直播平台中的虚拟主播数量众多,但只有拥有较好营销效果的虚拟主播才能实现可持续发展,并在行业内部构建起自身的竞争优势。在网络营销的相关理论中,财务指标被认为是衡量营销效果的重要指标。[①]本研究以DARKFLAME提供的B站虚拟主播营收排行榜作为营收金额的数据来源,考虑到该变量数据存在极值,因此该变量以中位数作为赋值分界,营收金额大于289,990元的赋值为[1],反之,赋值为[0]。

四、分析与结果

(一)单个条件必要性分析

研究首先对8个影响变量进行单变量必要性分析,以检验是否有变量构成虚拟主播拥有较好营销效果的充分必要条件。QCA对单个条件的必要性分析主要通过一致性(Consistency)与覆盖率(Coverage)进行判断。当一致性水平高于0.9时则认为该影响变量为必要条件,当覆盖率高于0.8时则认为该影响变量为充分条件。[②]

表3 必要性分析结果

影响变量	一致性	覆盖度
知名度	0.60	0.71
拟人度	0.92	0.50
直播时长	0.48	0.63
互动人数	0.64	0.89
账号归属	0.44	0.50
符号丰富度	0.40	0.53
内容丰富度	0.96	0.63
内容原创性	0.80	0.49

---

① 王战平,钟玲玲,胡丽娟.企业网络营销绩效评估指标体系构建研究[J].图书情报工作,2010,54(12):132-135.
② RAGIN C C, Redesigning social inquiry: fuzzy sets and beyond[M]. Chicago: University of Chicago Press, 2008: 33-34.

由表3可知,在8个影响变量中,有2个变量的一致性超过0.9,分别是拟人度与内容丰富度,这说明虚拟主播的高外形符号拟人性与丰富的直播内容是获得较好营销效果的必要条件。但上述两个变量的覆盖度均小于0.8,这说明此变量不能构成单独的解释指标,需要进行下一步的组态分析。

(二)条件组态分析

本研究采用Ragin和Fiss(2008)所提出的条件组态呈现形式进行分析,该呈现形式的优点在于可以展示组态条件中的核心条件与边缘条件,展示影响变量的重要性程度。[①]表4呈现出可以解释营销效果好的状况下的4个条件组态,总覆盖率为0.64,表示这4组条件组态可以解释64%的虚拟主播拥有不错的营销效果的案例;总一致性为1,表示在满足这4组条件组态的案例中,高营销效果的虚拟主播占比100%。上述数据表示实证分析较为可靠有效,可以进一步进行组态解释。

表4 中间解条件组态

前因条件	组合1	组合2	组合3	组合4
知名度	●	⊗	⊗	•
拟人度	•	⊗	●	●
直播时长		⊗	●	●
互动人数	●	⊗	⊗	●
账号归属	•	⊗	⊗	⊗
符号丰富度	●	⊗	⊗	⊗
内容丰富度	●	•	●	●
内容原创性	•	•	•	•
原覆盖率	0.28	0.08	0.08	0.2
净覆盖率	0.28	0.08	0.08	0.2
一致性	1	1	1	1
总覆盖率	0.64			
总一致性	1			

注:●表示核心条件;•表示边缘条件;⊗表示条件不存在;"空格"表示条件变量的存在对结果无关紧要

---

① RAGING C C, FISS P C. Net effects analysis versus configurational analysis: an empirical demonstration[M]//Redesigning social inquiry: fuzzy sets and beyond, 2008: 190–212.

根据调节组态情况，我们可以发现虚拟主播构建自身竞争优势的四种条件组合：

1.组合1：全能型团队主播

在该组合中，除直播时长外，其余均为存在条件，其中知名度、互动人数、符号丰富度为核心条件。符合该组合的主播包括"Overidea_China""贝拉kira""七海Nana7mi"等。他们背后拥有企业或社团等经营团队，在共同经营以及组织团队中的其他虚拟主播互相引流外，他们已经具有较高的知名度，直播中互动强度也较高，故此直播时长并不构成其重要影响条件。而从直播内容的角度分析，他们的专业性使其可以生产更为丰富的原创内容。此外，由于组织实力的支持他们往往具有丰富的符号特征，其服饰、背景是受众新鲜感的重要来源。综合来看，此类虚拟主播具有较强的资源整合能力，在各方面拥有较强的竞争实力，因此我们把该组合路径命名为"全能型"。此外，有28%的成功虚拟主播案例能被该组合解释，为各类组合中覆盖率最高的。

2.组合2：内容驱动型新人主播

在该组合中，仅有内容丰富度与内容原创性为存在条件，其余条件均不存在。该组合类型的虚拟主播以"茭白柒""亦之紫F"为代表。他们的共同特征为入驻时长较短的新人主播，个人独立经营账号，知名度不高，直播时长尚短。他们能在短期内取得较高营收效益的原因主要是视频的高质量与原创性。这也表明个人经营型的新人主播想要进入行业的一个重要的条件为内容优质性。既往研究均证明了受众对内容质量的感知会正向影响受众的选择使用[1]，该结论在虚拟主播行业中也同样适用。此外，有8%的成功虚拟主播案例能被该组合解释，这在一定程度上也说明了新人虚拟主播跻身行业的不易现状。

3.组合3：陪伴型全职主播

在该组合中，拟人度、直播时长、内容丰富度、内容原创性为存在条件，其中，直播时长与内容丰富度为核心条件。符合该组合的主播包括"蜜汁粥粥""鱼丸粥ovo"。他们是全职虚拟主播，每月具有较长在线时间，且有较为固定的直播时段，知名度不高，主要营收效益来自黏性较高的粉丝群体。曝光效应（Exposure

---

[1] 王少剑, 汪玥琦.社会化媒体内容分享意愿的影响因素研究——以微博用户转发行为为例[J]. 西安电子科技大学学报(社会科学版), 2015, 25(1): 19-26.

Effect）认为，人们对长期接触的事物会形成偏好性。此类主播抓住市场中的小部分粉丝群体，通过构建黏性粉丝关系，实现长期稳定的营收。

4.组合4：互动型知名主播

在该组合中，知名度、拟人度、直播时长、互动人数、内容丰富度、内容原创性为存在条件，其中，直播时长、互动人数、内容丰富度为核心条件。符合该组合的主播包括"冰糖IO""永雏塔菲""Asaki大人"等。与组合3的虚拟主播相比，该组合具有更高的知名度，互动性也更强。丰富的直播内容、较长的直播时长、较多的互动人数是其能获得较高营收效益的重要因素。此外，有20%的成功虚拟主播案例能被该组合解释，高于组合3的8%覆盖率，这也说明了全职主播想要进一步发展就需要在互动性、知名度方面寻找突破口。

五、研究结论与讨论

本文基于B站平台中的虚拟主播案例，运用QCA定性比较分析方法，从HSM模型的维度切入，探讨了具有较强竞争力优势的虚拟主播的主要组合类型。研究结果表明：

规模经济助推全能型团队主播占领市场，但致使同质化现象突出。规模经济理论（Economies of Scale）认为规模性生产将会造成整体经济效益的增加。随着虚拟主播的不断发展，规模化成为必经路径。在样本数据中，营销收益前10的虚拟主播，有60%均拥有经营团队，然而，这也使同质化现象突出，相似的直播内容成为流水线生产的必然结果。同时，这也反映了个人虚拟主播想要跻身市场的不易，也要求着个人虚拟主播寻求差异点，探索长尾经济，如"亦之紫F"以配音导演、演员为个人标签；"lvlv"以游戏制作、原创绘画为特长，构建出了独特的竞争优势。

优质内容助力新人主播跻身市场，但可持续发展能力低。直播内容的丰富性与原创性是拥有竞争优势的虚拟主播的共同特征，更助力了内容驱动型新人主播跻身市场。但受限于虚拟主体形象的互联网环境，当前其直播内容仍往往局限于唱歌、跳舞、聊天、玩游戏。而部分虚拟主播选择深耕某类直播内容，如"贝拉Kira"基于动作捕捉技术构建的虚拟主播全3D直播跳舞形式收获了大量粉丝；"C酱です"则深耕游戏领域，将自己定位为"打游戏的皮套自然人"，制作大量游戏推荐、实况攻略类"干货"视频,使其得以横跨游戏区与虚拟主播区,获得大量粉丝。这表明"内容为王"的定律在虚拟主播行业同样适用。但从虚拟主播发展至今的脉络探究,其经营模式未呈现出明显的创新与转化,其行业发展仍寄托于互联网消费红利与虚拟主播概念的流行热度,若未来无法实现道路创新,则将难以形成持续的生命力。

在陪伴经济下,陪伴型、互动型虚拟主播的诞生显示出青年群体性孤独的现状。陪伴经济作为缓解孤独心态而产生的消费类型在Z世代青年中兴起,与虚拟主播的互动满足了其精神需求。因而,长时间、强互动的陪伴型、互动型虚拟主播类型得以形成。以"Cです"为例,其2022年7月累积直播时长达278.8小时,相当于每天有将近10小时的直播时长。从表层维度来看,此类虚拟主播通过增加直播时长、提高直播互动性来强化与受众的联系;而从深层维度来考虑,这也要求虚拟主播触发情感价值、满足青年的情感需求,显示出当前青年的群体性孤独现状。基于当下青年群体存在的角色与交往困惑,虚拟主播"完美"的人设使其成为青年群体的情感寄托,而这种虚拟寄托掩盖了青年现实交往的断裂,带来了交往的假象与孤独的现实。

在本研究中,我们总结并探讨了虚拟主播经营模式的四种主要组合类型,一定程度上揭示了虚拟主播的生存方式,也推动了我们进一步思考虚拟主播的行业发展方向、破圈价值、社会情感影响等诸多方面。首先,虚拟主播存在行业内创造力不足的问题,虚拟主播或成技术附属。无论是从早期的2D虚拟主播,还是从近年来随着技术发展诞生的3D虚拟主播来看,其直播内容、经营模式、互动形式仍未有实质性的创新。当内容创新性无法实现有效的支撑,虚拟主播的行业发展将陷于空有其表的桎梏中,只能通过技术的不断翻新来实现受众眼球经济的增长。其次,虚拟主播聚焦娱乐属性,破圈的可行性、价值性有待思考。从国外的YouTube到国内的B站、抖音平台中的虚拟主播,此类以虚拟形象、真人本体为设定的虚拟主播仍主要活跃于以娱乐为核心的领域中。虽然近年来AI虚拟主播成功走入新闻主持行业,但以AI为核心的虚拟主播存在情感沟通欠缺的本质缺陷[1],真人虚拟主播能否弥补此类空缺,在新闻主持行业发挥价值仍有待思考。最后,虚拟主播带来的情感陪伴是能强化亚文化群体的认同与社会凝聚力还是重走网红直播的商业化老路,仍有待探讨。随着虚拟主播行业的蓬勃发展,业内"皮

---

[1] 危欢,卢海婷.AI合成主播冲击下主持传播行业的价值理性回归[J].中国主持传播研究,2021(1):105–116.

套人"与"套皮人"的争议不断扩大,前者是以虚拟人物设定为基础,真人进行扮演,后者是以主播个人风格为基准,虚拟形象仅为附属或加分项。前者认为后者扰乱了行业的价值准则,而后者则认为前者强行设定行业门槛。这种争端也恰恰呈现出了当前虚拟主播行业内的裂痕与商业化运作的趋势,其是会进一步带来积极的情感价值还是陷于资本的追逐,仍有待探讨。

从技术吸引到体验疏离：一项基于用户与AI合成主播交往行为的探索性研究

◎ 张梦琦[*]

摘要：AI合成主播越来越广泛地出现在各类节目中。借助计算机图形学、图形渲染、动作捕捉等技术，AI合成主播具有"类人"的外貌特征、表演能力、交互能力，受到"粉丝"的追捧。本文对13名观看AI合成主播主持节目的用户进行深度访谈，并结合质性分析软件Nvivo12plus对访谈文本进行了扎根分析，构建了用户与AI合成主播的交往行为模型。研究发现，用户与AI合成主播的互动受感性驱动、接入感知以及理性评估三个因素的影响。就感性驱动而言，它既是用户与AI合成主播互动的动力，也是发展深层互动关系的障碍；就接入感知而言，它既有助于人机互动关系的建立，也因为"虚实"的模糊带来了疏离；就理性评估而言，既满足了用户对算法的幻想与期待，也因为"算法恐惧"而对用户与AI合成主播的互动产生负面影响。

关键词：AI合成主播，准社会交往，用户，扎根理论，数字虚拟人

一、问题的提出

随着人工智能技术的不断发展，各种"智能信息体"正在嵌入人类的日常生活，改变着人们的交流和交往方式。数字影像与人工智能技术的发展使制造不同类型的虚拟人成为可能，被广泛应用于不同场景和领域。最早的虚拟主播是由英国PA New Media公司于2001年推出的阿娜诺娃(Ananova)[①]，是一个2D的卡通头像，没有动作和肢体。随着虚拟仿真技术的迭代，虚拟主播也在不断"升级"，从外貌、语言、动作等多方面进行机器学习，[②]学习的目标是如何更像人。

当前，AI合成主播被应用于新闻、综艺等多种类型的节目中，不仅可以进行

---

[*] 张梦琦.陕西师范大学新闻与传播学院硕士研究生，主要研究方向：社交媒体、新媒体传播.
[①] 郭全中，黄武锋.AI能力：虚拟主播的演进、关键与趋势[J]. 新闻爱好者，2022(7)：7–10.
[②] 邵鹏，杨禹.AI虚拟主播与主持人具身传播[J]. 中国广播电视学刊，2020(6)：71–74.

程式化的主持，而且被赋予人际性的传播特征，构建出虚拟化的人格。①艾媒咨询（Media Research）调研数据显示，47.5%的受访用户认为未来真人主播和虚拟主播将共存，45.7%的受访用户认为虚拟主播将会替代某些领域的真人主播。②人工智能主播打破了原有的主持形式，让"主播"这一概念的内涵和外延都有了新的扩展，由此也引发了对真人主播与AI合成主播的讨论。有学者指出，数字虚拟人具有扮演各种角色和身份的能力，能够将个体与场景连接起来。但是在"连接"过程中如何优化人们的体验是始终需要注意的问题。③对于用户面较广的AI合成主播来说，如何在互动中增加与用户的交流感与现场感是重中之重。相较于真人主播而言，AI合成主播与用户的互动明显不足；相较于虚拟偶像而言，AI合成主播与用户的情感交流以及情感依赖程度较低。AI合成主播主要面向年轻群体，AI合成主播与用户如何建立连接与互动？AI合成主播与用户在互动的不同阶段遇到的障碍是什么？AI合成主播如何融入用户生活，与用户进行更进一步的互动交往？本文试图通过对AI合成主播用户进行探索性研究，分析其用户群体在准社会交往不同阶段遇到的障碍以及突破交往障碍的路径。通过本次研究，有助于进一步探索元宇宙生态下数字虚拟人发展的新形态。

二、理论框架与文献回顾

（一）准社会交往

人是社会关系的总和，人的生存和发展离不开社会交往。简而言之，准社会交往就是人们与媒介中的"人物角色"④之间的互动。准社会交往行为并不是现代社会才出现的，个体与上帝、读者与小说主人公、市民与政治人物之间在想象中建立的"人际关系"也属于准社会交往的范畴。⑤准社会交往（Para-Social Interaction, PSI）的概念正式提出于1956年。心理学家唐纳德·霍顿（Donald Horton）和理查

---

① 高贵武，杨航.AI合成主播与主持传播中的人格进化[J]. 青年记者，2019(22)：51-52.
② 艾媒咨询.2022年中国虚拟人产业商业化研究报告[EB/OL]. (2022-04-22)[2022-03-05].https://www.iimedia.cn/c400/85066.html.
③ 程思琪，喻国明，杨嘉仪，陈雪娇.数字虚拟人：一种体验性媒介——试析数字虚拟人的连接机制与媒介属性[J]. 新闻界，2022(7)：12-23.
④ 这里的媒介角色可以是传媒人物，如电视节目主持人、播音员，也可以是虚构人物，甚至是非人类形式的存在，如动画片中的卡通形象。
⑤ 方建移.受众准社会交往的心理学解读[J]. 国际新闻界，2009(4)：50-53.

德·沃尔（Richard Wohl）把受众与媒介人物之间产生的面对面交往的错觉定义为准社会关系。他们发现观众会把电视中的节目主持人或新闻播音员当作真实人物做出反应，类似于面对面交往中的人际互动。①

在数字虚拟人发展起来之前，准社会交往的研究对象还都集中于媒介上的真人。Rubin和Perse（1987）研究了肥皂剧观众与肥皂剧演员进行准社会交往过程中的情感参与、认知参与和行为参与。②同年，Rubin和Perse研究观众对不同类型电视新闻的观看动机，发现对于电视新闻的工具性使用和仪式性使用背后的动机也有所差异，工具性使用更多是有意参与，有更大的新闻亲和力，而仪式性使用更多是为了打发时间。③在一项对英国电视观众的研究中，McQuail等人（1972）发现，在电视剧《加冕街》中的角色发生车祸后，一位观众说："你觉得他们发生了一场真正的交通事故，你想为他们做点什么。"作者认为，肥皂剧角色经常提醒观众，他们之间是认识的，引导观众用角色的情况和行为作为理解自己生活的方式。④当数字虚拟人进入准社会交往的研究当中，不少学者针对虚拟人对准社会交往进行理论创新。有研究表明，社交机器人在与用户进行准社会交往的过程中会从认知、情感和行为三个方面产生媒介依赖，并且会造成用户的深层次孤独。⑤也有研究侧重于探索用户与媒介人物之间的行为互动，考察用户如何通过观看网络直播来获得心理收益。⑥在情感交往方面，有学者研究乙女游戏中玩家与虚拟恋人的准社会关系，认为虚拟恋人能够填补用户的情感缺失，并构建出准社会交往的过程模型。⑦

随着智能媒体日渐嵌入人类的日常生活，准社会交往的研究主体也从最初的

---

① HORTON D, RICHARD W R. Mass communication and para-social interaction: observations on intimacy at a distance[J]. Psychiatry, 1956, 19(3): 215-229.
② RUBIN A M, PERSE E M. Audience activity and soap opera involvement a uses and effects investigation[J]. Human communication research, 1987, 14(2): 246-268.
③ RUBIN A M, PERSE E M. Audience activity and television news gratifications[J]. Communication research, 1987, 14(1): 58-84.
④ MCQUAIL D. The television audience: a revised perspective[J]. Sociology of mass communications, 1972: 135-165.
⑤ 韩秀,张洪忠,何康,马思源.媒介依赖的遮掩效应:用户与社交机器人的准社会交往程度越高越感到孤独吗?[J].国际新闻界,2021,43(9):25-48.
⑥ 马志浩,葛进平,周翔.网络直播用户的持续使用行为及主观幸福感——基于期望确认模型及准社会关系的理论视角[J].新闻与传播评论,2020,73(2):29-46.
⑦ 刘靓,张书凝,刘贵云,靳雨洁,李文炎.乙女游戏中玩家与虚拟恋人的准社会关系研究[J].科技传播,2021,13(17):150-154.

广播电视主持人、肥皂剧演员转向数字虚拟人。尽管媒介形态不断更替,准社会交往背景下的对象都是媒介中的虚拟人物。准社会互动被概念化为电视观众具有的、与大众传播的"角色"或人物之间存在的一种想象的、片面的友谊。当电视表演者进行表演时,准社会互动产生,并使观众忘记行动发生在一个电视演播室中。准社会关系是在媒体演示与人际交往相类似的时间段发展起来的,例如,电视特写镜头让观众读出演员的非语言手势,并允许人物角色通过脚本化的反应来创造出双边关系幻觉。[1]因此,准社会交往虽然是由人的想象产生的虚拟友谊,但其产生的重要前提是媒介人物在节目中所表现的、类似于人际交往的语境。将准社会交往作为理论框架可以帮助我们理解AI合成主播的应用效果和连接过程,进一步了解用户的认知体验和交互行为。

(二)AI合成主播与准社会交往

智能媒体时代,数字虚拟人、社交机器人等新的媒介形态正在全方位地渗透到人们生活的方方面面。不同于传统的媒介人物,在智能媒体时代,人与媒介的交流更多是通过算法、数据等信息构建起来的。即使是人与人之间的日常沟通,也是透过移动互联的小屏幕搭建起来的,呈现出多种多样的交往形态,如表情包、网络热梗等都成为交流的重要元素。由此,AI合成主播与用户之间的交互行为一方面能够使用户获得进入虚拟空间的接口,另一方面也能通过变换主持的方式增强传播效果。"社交媒体的媒介化生存方式已经成为一种现代人无法躲避的生活方式,完全由不得个体选择,除非个体想远离其社会关系。"[2]在技术层面,这些虚拟人物并无多大的差异,都是由计算机代码和影音技术产生的。但是当"他们"进入社交媒体网络中而被当成真实人物与人类互动时,由于互动的方式不同,因而产生的效果也就大不相同。

AI合成主播与用户的准社会交往本质上是主播与观众的关系,是观众对媒介人物心理上的接受和认可,其准社会交往行为同样也受设备接入、节目内容、兴趣趋向等主客观因素的影响。首先,尽管当前AI合成主播的类人化特征明显,但是其个性化程度还远远不够,只是传递后台内容的"肉喇叭"[3]。其次,AI合成主播不

---

[1] HORTON D, RICHARD W R. Mass communication and para-social interaction: observations on intimacy at a distance[J]. Psychiatry, 1956, 19(3): 215-229.

[2] 胡翼青.为媒介技术决定论正名:兼论传播思想史的新视角[J]. 现代传播(中国传媒大学学报), 2017, 39(1): 51-56.

[3] 喻国明.虚拟人、元宇宙与主流媒体发展的关键性操作要点[J]. 媒体融合新观察, 2022(1): 4-8.

同于以趣缘为核心的虚拟偶像，可以通过粉丝社群加强用户群体的自我认同。AI合成主播与用户产生情感交互的渠道较为单一，其自身人设与节目之间的匹配程度也会对传播效果产生影响。AI合成主播主要是满足用户的工具性需求，而用户情感需求的满足程度较低。

（三）AI合成主播与真人主持人

主持人这一概念是随着广播电视的产生而出现的。1962年，哥伦比亚广播公司的沃尔特·克朗凯特（Walter Cronkite）开创了"主持人"这一角色，使新闻节目中传声筒式的播音员变成具有调配力量的主持者。电视画面的出现使依靠声音传递信息的播音员开始"代表着群体观念"，"以个体行为出现"，用有声语言、形态来"直接、平等地进行大众传播活动"[①]。对于节目主持人的要求也从强调"读"与"念"的播音腔到倡导更加类似于人际交流的"说"与"谈"。有学者认为，主持人的出现和成熟一定程度上意味着大众传播的人际化特征，也意味着大众传播要取得良好的传播效果，必须保持并不断强化这种特征。[②]

互联网出现后，电视在受众心中的地位被撼动，让受众群体实现了从"观众"到"网民"的身份转换。面对网络信息的飞速发展，不少人都感受到了无所适从。电视媒体也焦虑于如何才能够通过电视的说话方式和信息处理方式挽留住观众。[③]20世纪90年代兴起的《东方时空》《焦点访谈》等节目摆脱了说教模式，开始向与观众进行"交流"的模式转变。随着以互动、分享为核心的Web2.0浪潮全面掀起，电视节目主持人开始更注重与观众的互动交流。以开放为主题的Web3.0时代将用户的自主权进一步提升，让节目主持人与观众的关系随之发生变化，更加强调交往过程的社交性和互动性，虚拟主持人作为数字虚拟技术的产物开始进入公众视野。2018年年底，新华社联合搜狗在第五届世界互联网大会上发布首个AI新闻主播，2019年3月，AI合成女主播在两会正式上岗。随着人工智能主持人的出现和普及，"去主持人化"的争论再一次被提及和讨论。2019年网络春晚，央视主持人撒贝宁和AI合成主播"小小撒"在镜头前亮相，AI合成主播"小小撒"从声音到外貌都跟撒贝宁神似，连撒贝宁本人也感慨看到"小小撒"就像照镜子一样。AI合成主播"小小撒"还代班去北京互联网法院进行体验，与智能机器人"互宝"自如对话。除

---

① 应天常.节目主持人通论[M].武汉：武汉大学出版社，2006：23-25.
② 包丽敏.浅谈网络AI合成主播的人际化角色[J].新闻记者，2001(10)：33-34.
③ 许行明.舍弃·个性化·如何说话——电视信息传播艺术三思[J].现代传播-北京广播学院学报，2000(3)：74-77.

了以真人主持人为模板打造的AI合成主播外,还有一类AI合成主播是通过采集大量主持人的形象进行人工合成的主持人。如湖南卫视《你好星期六》栏目的AI合成主播"小漾"就是工程师采集了大量女性形象才创造出来的AI合成主播。央视频也推出了全新AI节目《"冠"察两会》,AI超仿真主播王冠与财经评论员王冠配合默契,对话自如,对两会相关政策进行了专业解读。

综上,AI合成主播和真人主持人都能够通过节目呈现与观众进行准社会互动。主持人如何把握与观众之间的交流感和亲近感是衡量主持人水平的重要标准。同时,接受方从"受众"向"用户"的转变,不仅意味着其对于信息的选择具有主动权,而且能够主导自我与媒介人物之间的准社会关系。AI合成主播作为一种全新的主持形态,如何与用户建立良好的准社会关系?在准社会交往过程中的问题和障碍有哪些?本文将致力于从用户与主持人交互的角度出发,试图回答这些问题。

三、研究设计

(一)研究方法与数据收集

质性研究方法强调对过程的把控,是指研究者深入自然情境,通过田野观察、访谈、录音、图片、视频、笔记等手段,对事物的本质进行全面、深入的探究,并在此基础上建构理论模型获得解释性理解的一种活动。[①]因此,采用质性方法适用于探索用户对AI合成主播产生准社会交往的心理过程。此外,半结构化访谈是按照粗线条式的访谈提纲而进行的非正式访谈,经常用于人类行为的研究,该方法的优势在于能够及时有效地获得富有个性化和全面的一手资料。[②]

因此,本文采用半结构化访谈进行资料的收集,对选定的AI合成主播用户展开访谈。为保证访谈结果的可信度和效果,研究从访谈的整体设计与内容把控两个方面入手,解决访谈过程中可能出现的偏误与诱导性问题。在访谈整体设计上,访谈形式分为微信电话访谈和面对面访谈两种。研究为了挖掘出更多的个性化信息,在访谈时不局限于访谈提纲,根据访谈对象的回答进行灵活变动。访谈时长集中于30—50分钟,访谈内容为访谈受访者的基本信息及对AI合成主播节

---

① 陈向明.质的研究方法与社会科学研究[M].北京:教育科学出版社,2000:2.
② 卢新元,许姣,张恒,高佳兴.多社交媒体平台环境下用户摇摆行为研究——基于扎根理论的探索[J/OL].情报理论与实践:1-10[2022-09-10].http://kns.cnki.net/kcms/detail/11.1762.G3.20220415.1801.002.html.

目的观看情况,如表1所示。参照相关数据,AI合成主播的主要用户群体在19—30岁之间,研究选取的访谈对象年龄在19—28岁之间,因此样本具有典型性。在访谈过程中,研究者努力营造类似于日常对话的氛围,避免给访谈对象造成压力影响访谈的效果。同时,注意在访谈过程中避免引导性的提问,保证访谈内容与用户实际情况的一致性。

表1 访谈对象的基本信息及对AI合成主播节目观看的情况

编号	性别	年龄	职业	专业	节目观看频率	访谈方式
A1	男	24	研一	汉语国际教育	每月1—2次	面对面
A2	女	22	大四	历史学	每周多次	微信语音
A3	女	23	待业	人力资源管理	每月1—2次	微信语音
A4	女	21	工程师	软件工程	每周多次	面对面
A5	男	25	会计师	经济学	每月1—2次	面对面
A6	女	23	研二	新闻学	每周多次	面对面
A7	女	20	大二	传播学	每周多次	微信语音
A8	男	21	待业	遥感科学与技术	每月1—2次	微信语音
A9	男	23	军人	缅甸语	每月1—2次	微信语音
A10	女	26	律师	法学	每周多次	面对面
A11	男	18	高三		每月1—2次	面对面
A12	女	30	教师	马克思主义哲学	每月1—2次	微信语音
A13	男	29	建筑师	土木工程	每月1—2次	面对面

访谈提纲的核心内容围绕以下问题:第一,受访对象对AI合成主播的接受情况;第二,受访对象与AI合成主播进行准社会互动的方式和过程;第三,受访对象对于AI合成主播发展的构想和可操作性的提议。设置访谈提纲主要是为了能够有序地启发受访对象根据自己的实际使用感受,准确描述与AI合成主播互动的过程。具体问题在访谈中会根据受访者的回答以及访谈进度做相应调整,以确保能够根据研究问题得到多个维度的回答。

扎根理论的抽样原则为"理论饱和原则"(Theoretical Saturation)。扎根理论认为,访谈和分析在深度访谈研究中是相互促进、不可分割的。研究者在每一次访谈后都进行了即时的资料整理和分析，在访谈分析的基础上建构理论假设，然后根据这些理论假设继续进行抽样访谈，进一步验证和完善理论假设。在全部访谈结束后，研究者随机选取三分之二的访谈样本用于编码和模型搭建，并且将剩下的三分之一用于理论饱和度的检验。为了资料的完整性和理论的准确性，本文采用的访谈都进行了全程录音，并且完整记录了访谈包含的所有内容。

（二）基于扎根理论的编码分析

扎根理论最早由社会学家格拉斯(Glaser)和斯特劳斯(Strauss)于1967年提出，该理论主张基于对现实生活和日常现象的观察提出问题，并凝练概念，最终建立理论模型，是一种自下而上的归纳式研究路径，[①]即从社会研究中系统地获得的数据中发现理论。扎根理论特别强调从资料中提升理论，认为只有通过对资料的深入分析，才能逐步形成理论框架。[②]因此，研究者对于扎根理论的运用需要对资料和理论保持高度的敏感，要能够在资料中发掘理论，要把握从资料到理论的逻辑推演的严谨性。在分析过程中，研究者不断对资料和理论进行比较、归纳、分类，直至使理论达到饱和。

1.开放式编码

开放式编码也叫一级编码。在开放式编码的过程中，研究者要求以一种开放的心态，尽量"悬置"个人的"偏见"和研究界的"定见"[③]，将所有的资料按其本身所呈现的状态进行登录。研究者将收集到的访谈资料打散，进行新的概念赋予，为编码语句进行类属命名。本文运用NVivo12自动编码功能进行节点的查询，然后引用群组功能反复归纳和提炼，初步的编码形成了13个受访者经常提到的概念范畴，如代入感弱、情感表达生硬、情感疏离、信任缺失等，并将其标记为自由节点。为了保证资料编码的一致性，整个编码阶段由3名编码员共同对访谈资料进行逐句编译，若出现分歧则停下来讨论直至达成共识。研究者在多次研读访谈记录后，发现文本中隐含的初始概念，再根据谈论结果将重复3次以上的初始概念进行归类，构建范畴。最终，共抽象出65个初始概念（a1—a65）和18个范畴（副范畴）（见表2）。

[①] BARNEY G. The discovery of grounded theory: strategy for qualitative research[J]. Nursing research, 1968, 17(4): 364.
[②] 陈向明.扎根理论的思路和方法[J]. 教育研究与实验, 1999(4): 58-63+73.
[③] 陈向明.扎根理论的思路和方法[J]. 教育研究与实验, 1999(4): 58-63+73.

表2 开放式编码范畴化

范畴	原始资料语句（初始概念）
代入感弱	A3：我之所以对AI合成主播常常会感到很尴尬，是因为嘉宾在对着空气讲话。（感觉尴尬a1）
代入感弱	A6：AI合成主播其实都让人感觉挺没有参与感的，让人觉得他是在对空气说话。（参与感弱a2）
代入感弱	A11：有些节目可能还有一定的语境，AI合成主播比较难让人一下子进入话语语境里面。（无法进入语境a3）
代入感弱	A10：综艺节目中的主持人就是需要带动观众的感情，然后去渲染氛围，在这方面，AI合成主播还是难以做到的。（难以营造氛围a4）
回忆唤醒难	A6：对观众来说有的节目可能是一种记忆，看到主持人也会有些回忆，然而，这些是AI合成主播都不具备的。（没有共同回忆a5）
回忆唤醒难	A12：很多比较有名的主持人，比如倪萍之类都是一代人的记忆，但AI合成主播不会有这种效果。（缺少集体记忆a6）
回忆唤醒难	A11：我觉得AI合成主播比较难让人有深刻的印象，更难以承载什么回忆了。（令人印象不深刻a7）
情感疏离	A2：我从内心深处无法把AI合成主播当成一个真人，更无法对它产生和真人一样的情感。（无法赋予情感a8）
情感疏离	A6：我对AI合成主播不会产生什么情感，不管是厌恶的情感还是喜欢的情感。（没有情感a9）
情感疏离	A6：我不会跟非现实的人产生互动，感觉它们跟我没什么关系。（情感疏远a10）
情感疏离	A5：没有一个具象化的东西来寄托我们作为受众想要表达的或者希望得到的内容。（情感无法寄托a11）
情感表达生硬	A2：AI合成主播也是由人在控制的，无法自主表达自己的情感和态度。（无主观性a12）
情感表达生硬	A2：AI合成主播就是一个卡通形象在那里念剧本，让人感受不到与真人主持人之间那种友爱的氛围。（情感表达困难a13）
情感表达生硬	A6：我对于机器主持人能不能学习到快乐这件事情存疑，我觉得它是不能学习到人类的快乐的。（学习不到情感a14）
情感表达生硬	A11：真人主持人会根据节日、事件，用不同的语气、表情进行播报，而就这一点来说，AI合成主播远不如真人主持人。（情绪控制弱a15）

续表

范畴	原始资料语句(初始概念)
信任缺失	A1：我可能无法对AI合成主播产生什么信任，也不太信任AI合成主播代言的商品。(信任感不足a16)
	A8：现在很多人都不信任人工智能，自然也会不信任AI合成主播传递的信息。(信息可信度a17)
	A6：AI合成主播没办法跟真人一样去体验，那它提供给观众的信息怎么保证真实呢？(信息真实性a18)
个人需求	A10：对于独居的人，或者说社交方面比较弱的人来说，可能会更愿意去跟一个虚拟的人物进行互动。(情感需要a19)
	A12：AI合成主播能够24小时在线，适合陪伴一些失眠、抑郁的人群。(陪伴感a20)
	A4：我无聊时也会跟语音助手对话，如果AI合成主播可以跟人对话的话，我会愿意无聊时去跟它互动。(打发时间a21)
	A3：我不认为AI合成主播能够满足大多数人的需要，只能说会有一部分人想去关注AI合成主播。(需求满足a22)
兴趣驱动	A3：我平时特别喜欢二次元文化，也特别喜欢具有科幻色彩的东西，我认为AI合成主播就像动漫角色有了主持的功能。(兴趣接近a23)
	A4：我是学计算机的，对计算机的产物本身就有浓厚的兴趣。(专业接近a24)
	A9：我比较喜欢追求新颖的东西，很愿意尝试体验新事物，比如说接受AI主持人。(新鲜感a25)
机器感知	A1：我会把它当成机器看待，因为我感觉它回答问题的套路都是设定好的。(机器设定a26)
	A4：运营者对AI合成主播只能是预设，然后把人类的语言嵌进去，不停地让机器进行学习。(机器学习a27)
	A6：就算以后所谓的机器人可以学习到很多如康辉等真人主播的微表情，我也觉得它只是个人工智能机器而不是康辉本人。(机器感知a28)
	A12：听AI合成主播主持节目，会感觉是在跟文本对话，没有那种见到人的亲切感。(亲切感缺失a29)
魅力感知	A2：AI合成主播的性格、形象都是设定好了的，没有什么人格魅力可谈。(人格魅力缺失a30)
	A4：大家去看综艺，那就是看主持人个人的人格魅力，而如果让一个虚拟人物主持的话，它本来就不存在人格魅力。(魅力缺失a31)
	A5：我觉得通过看节目可以明确主持人的独特风格，节目吸引我的是主持人的主持风格，但是AI合成主播很难有自己的风格魅力去吸引受众。(魅力吸引a32)

续表

范畴	原始资料语句（初始概念）
人设感知	A3：运营者为AI合成主播打造出很鲜明的人设，但是这更多是由运营者赋予的，跟AI主持人没多大关系。（人设识别a31）
	A9：即使AI合成主播可以开通社交账号塑造人设，但这一举动还是让人觉得很刻意、不是真实的。（虚拟人设a32）
	A10：我觉得是先有行动再有人设，预设好的人设会一直提醒我这个主持人的人设是什么样的，没有了那种反差感。（人设反差a33）
	A13：现在也有主持人"翻车"的案例，如果为AI主持人预设性格、人设，就不会担心"翻车"了。（人设"翻车"a34）
适应困难	A1：我知道可能会有许多人看AI主持人主持的节目，但是这对我来说可能还需要一段时间去适应。（适应周期a35）
	A2：AI主持人代替原有的真人主持人，让大家在情感上难以接受，尤其是对于一些存在很久且有固定观众的节目来说更是如此。（情感接受a36）
	A3：AI合成主播这个形象还是没有深入人心。人们对AI合成主播的接受度还没有那么广。（接受度有限a37）
	A7：当新的成员（AI合成主播）加入一个节目后，观众一时间在情感上可能对这一变化需要有一个适应的过程。（情感适应a38）
黑箱恐惧	A5：我会有点恐惧特别像人的AI合成主播，我在跟AI合成主播互动时会觉得是跟它背后的运营团队交流，但是却看不到这些人。（AI恐惧a39）
	A7：我觉得很难跟AI合成主播产生类似于人与人之间的互动，我不知道它背后的算法会很害怕。（算法恐惧a40）
	A8：我一想到虚拟人背后是由代码操控的，就很难和它产生情感互动。（代码操控a41）
成本考量	A8：AI合成主播的成本会比真人主持人更低，普及开来可能会有很多优势。（成本低a42）
	A13：我觉得现阶段的AI合成主持人可能成本很低，如果批量化制作的话，会降低成本。（成本压缩a43）
	A5：AI合成主播背后一般会有一整个运营团队，成本是否比真人主播低不太好说。（成本估算a44）
法律风险	A6：如果AI合成主播代言的产品炸雷了，谁来承担连带责任？主体性怎么认定都不好说。（法律主体a45）
	A10：AI合成主播的肖像，或者说它的一些其他的指示性的标志图案，被其他人使用，会涉及知识产权方面的问题。（知识产权a46）
	A12：如果由AI合成主播主持，那就需要了解观众信息或者嘉宾信息，这样一来，万一信息泄漏了，怎么追责也是个问题。（隐私安全a47）
	A13：我记得前段时间好像有个AI诈骗的事情，万一AI合成主播跑去实施诈骗或者被人复制拿去犯罪，后果令人不敢想象。（AI犯罪a48）

续表

范畴	原始资料语句（初始概念）
功能考察	A2：AI合成主播可以辅助真人主持人，在节目的形式、内容上进行一些创新。（辅助真人a49）
	A5：在节目中使用一定量的虚拟主持是可以的，比如AI合成主播在综艺节目中可以承担信息搜索的功能。（信息搜索a50）
	A7：我觉得让AI合成主播参与某些节目是可以接受的，但是不能完全取代人的作用。（适当参与a51）
	A8：AI合成主播可以跟真人主持人实现优势互补，真人主持人应对突发情况时处理得更好，而AI合成主播在正常情况下的发挥更加稳定。（优势互补a52）
	A13：AI合成主播可以被输入大量的语料库和数据，并且能快速调取存储的内容。（信息量大a53）
固定程式	A1：我觉得有的AI合成主播很没有感情，看其主持像在看机器人念着稿一样。（程序化a54）
	A2：AI直播都是在念提前设置好的台词，像是没有情感的交流和互动。（固定台词a55）
	A2：AI合成主播只能完成设定内容的播报，像是完成固定任务一样。（固定任务a56）
	A11：对于AI合成主播来说，其性格、形象、穿搭等全部都是剧本，都是可以设计的。（形象设置a57）
	A5：即使AI合成主播开通一个社交账号，但本质上也是由人设计的程序来维护的。（程序维护a58）
技术完善度	A1：现在的AI合成主播可能还不太成熟，有些主持可能会比较生硬，很难给人真实的感觉。（技术不成熟a59）
	A2：AI合成主播本来就是新产物，技术各方面都还不完善。（技术不完善a60）
	A3：现在的技术还没有那么成熟，有时候AI合成主播呈现出来的画面、动画、声音，都会略显突兀，没有那么自然。（生硬突兀a61）
	A5：由于AI技术还没有那么成熟，AI合成主播无法在现场呈现，只能后期加上去，因而很难和现场观众进行交流。（技术衔接a62）
黏性不足	A2：我觉得观看AI合成主播的主持也就是图一时新奇好玩，长期观看就会感觉没有意思。（短期兴趣a63）
	A11：我觉得节目的长期吸引力还是要能给观众带来情绪价值才行，然而目前观众从AI合成主播主持的节目中很难获得情绪价值。（情绪价值a64）
	A13：我认为AI合成主播主持的新闻或者其他节目更多是节目形式吸引我，一般我只是看看，而不会长期去关注。（形式吸引a65）

注：A** 表示第 ** 位受访者回答的原始语句。每句话末尾括号中的内容表示对该原始语句进行归纳得到的初始概念。

2. 主轴编码

主轴编码也叫二级编码,该阶段的主要任务是发现和建立概念类属之间的各种联系,以表现资料中各个部分之间的有机关联。这些联系可以是因果关系、时间先后关系、语义关系、情境关系、相似关系、差异关系、对等关系、类型关系、结构关系、功能关系、过程关系、策略关系等。研究者在主轴编码阶段,基于对上一步操作中得到的各范畴进行深入解读,挖掘各范畴之间的逻辑关系。本研究归纳出了3个主范畴,分别是"感性驱动、接入感知、理性评估",并对各个副范畴的具体内涵进行阐释,为下一步理论建构做准备,如表3所示。

表3 主轴编码形成的范畴及范畴内涵

主范畴	副范畴	范畴的内涵
感性驱动	代入感弱	用户难以代入节目场景或者情绪氛围中
	回忆唤醒难	AI合成主播难以在大众中营造共同记忆
	情感疏离	用户很难跟AI合成主播产生情感互动并对其寄托情感
	情感表达生硬	AI合成主播在情绪表达、情感互动上表现得比较生硬
	信任缺失	用户难以对AI合成主播产生信任感
	个人需求	AI合成主播能够营造陪伴感,满足部分用户的个体需求
	兴趣驱动	对AI合成主播的关注更多是因为对类似产物的固有兴趣
接入感知	机器感知	用户把AI合成主播当作机器看待
	魅力感知	用户认为虚拟人不存在所谓的人格魅力
	人设感知	AI合成主播的人设塑造过于刻意
	适应困难	用户从心理上难以适应AI合成主播
	黑箱恐惧	虚拟人背后的操控不透明会让人产生恐惧担忧
理性评估	成本考量	AI合成主播运行成本的估算和预期
	法律风险	AI合成主播可能会产生一系列法律风险
	功能考察	考察虚拟主持在功能方面的特点
	固定程式	AI合成主播表现得过于程序化、程式固定化
	技术完善度	用户认为AI合成主播在技术方面存在不完善之处
	黏性不足	用户更多只是短期浏览,很难形成长期黏性

3.选择性编码

选择性编码也叫三级编码或核心式登录,指的是在所有已发现的概念类属中经过系统的分析以后,选择一个"核心类属",分析不断地集中到那些与核心类属有关的码号上面。核心类属能够将大多数的研究结果囊括在一个比较宽泛的理论范围之内,把所有其他的类属整合成一个整体拎起来,起到"提纲挈领"的作用。①研究者根据一级编码和二级编码得到的范畴,探索核心范畴与其他范畴之间的关系,最终建立理论框架,如图1所示。

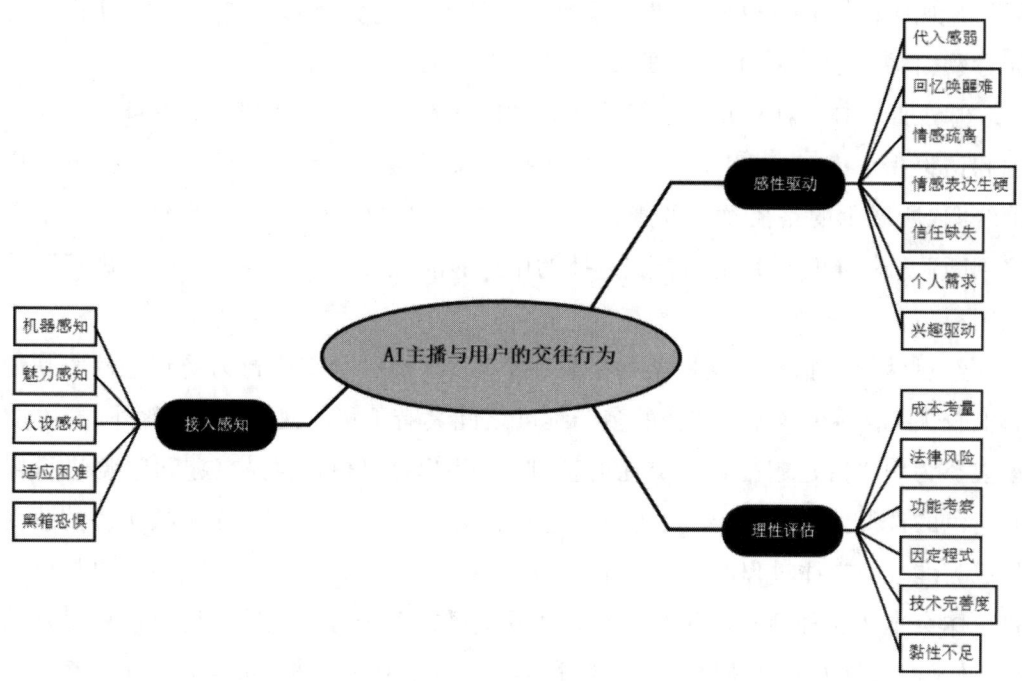

图1 AI合成主播与用户的交往行为模型

4.理论饱和度检验

在以上模型建立之后,研究者对余下的三分之一访谈记录即4份个人访谈记录进行理论饱和度检验,未发现新的能够影响核心范畴的概念,由此便可认为,该模型达到了理论饱和。

---

① 陈向明.扎根理论的思路和方法[J]. 教育研究与实验,1999(4): 58-63+73.

四、研究发现

通过质性研究，本研究发现，关注AI合成主播的用户的观看行为受感性驱动、接入感知以及理性评估三个核心因素的驱动和影响。其中，感性驱动是用户决定是否与AI合成主播进行准社会交往的首要因素。研究发现，AI合成主播所带来的感性驱动力不足，是受代入感弱、回忆唤醒难、情感表达生硬、情感疏离等多个因素的影响。接入感知是决定用户感受反馈的关键范畴，包含机器感知、魅力感知、人设感知、适应困难、黑箱感知五个范畴。理性评估是用户在准社会交往发生前后进行的客观评估，与用户的进一步交往判断密切关联，包含了成本考察、法律风险、功能考察、固定程式、技术完善度、黏性不足五个范畴。

基于此，本文对三大核心范畴之间的内在逻辑进行深入解读，并回溯研究主题和访谈资料，建立了用户与AI合成主播的准社会交往路径（见图2）。接下来将围绕图2所展示的路径及主要影响因素，依次从"交往基础、体验反馈、进一步交往判断"三个维度对关注AI合成主播的用户的准社会交往的路径及特征进行系统性阐释。

经过编码概括和理论框架的搭建，可以发现准社会交往行为受到感性驱动的影响较大，情感在准社会交往的多个维度之间具有不可忽视的作用。此外，感性驱动能够为用户搭建起准社会交往的基础，让用户可以根据自身兴趣和感觉进行媒介角色的选择。当感性驱动致使用户进入准社会关系当中时，对于本次接入的感受将成为准社会交往过程的重要环节。用户与AI合成主播进行交往的过程，也是反复打量体会本次交往活动的过程。当AI合成主播在多个方面能够给用户带来较好的接入体验后，用户将更进一步进入准社会交往过程中，对AI合成主播产生一系列情感和行动上的支持。反之亦然，当AI合成主播给用户带来难以适应的感受，或者无法提供足够的吸引力后，用户将告别感性驱动，从理性层面思考是继续进行准社会交往，还是及时终止交往行为。

（一）感性驱动：数字交往的动力和障碍

随着数字交往时代人、媒介、信息与社会的多域融合，主持人与观众之间的传播关系开始转变为交往关系。对于AI合成主播来说，要想吸引用户单凭传播信息这一点远远不够，AI合成主播搭建起的虚拟空间需要融合进更多的社会场景。传统的互动理论强调互动的"中介"，如库利的"镜中我"理论把想象作为人际互动的重要中介，米德把符号作为互动的中介。虚拟交往与传统交往最大的不同是中介的

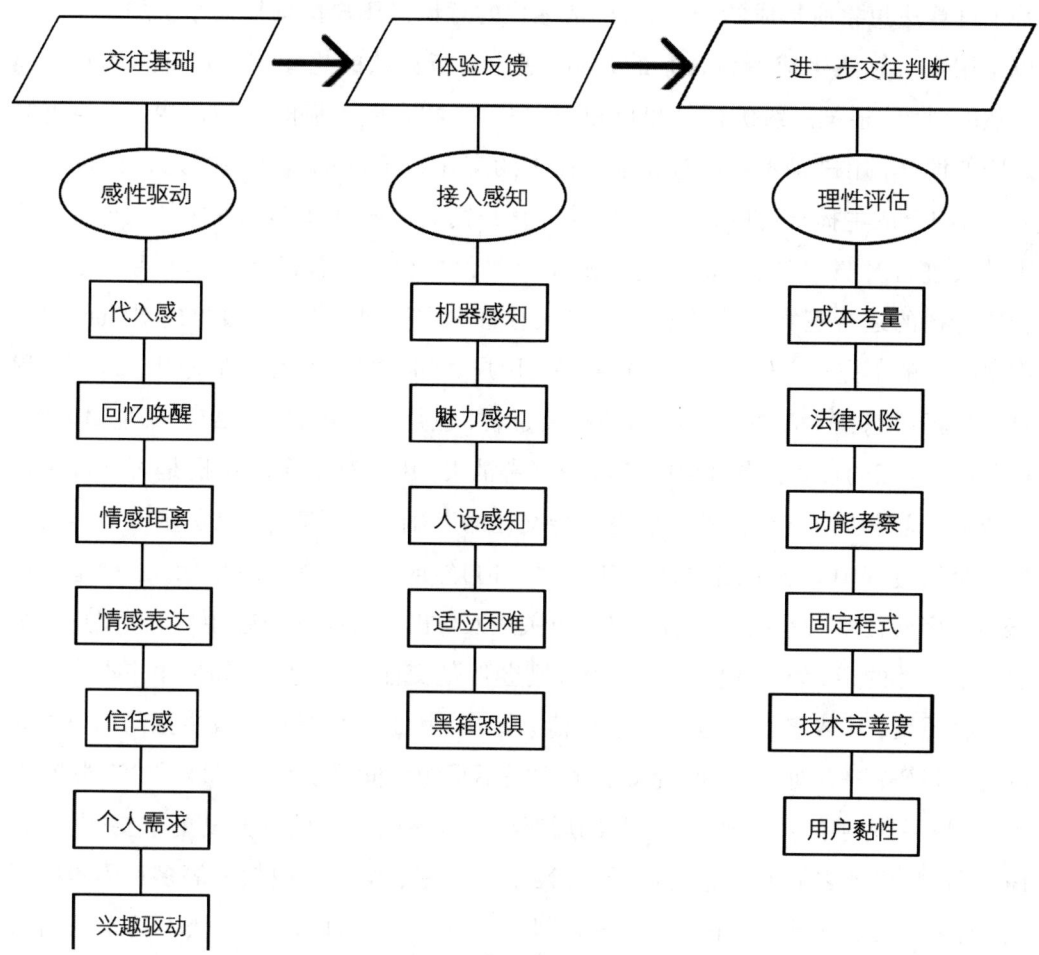

图2 虚拟主持人用户准社会交往行为路径

隐身化。数字技术可以打造出完整的虚拟世界，使人可以直接进入虚拟空间而不需要借助所谓的中介。AI合成主播与用户的数字交往就是利用隐身的中介，模拟人与人之间的交往构建虚拟的情感联结。用户与AI合成主播互动的基础不是依靠硬件接入，而是依靠自身的好奇、兴趣等情绪化的因素。

因此，用户与AI合成主播产生联结和交往主要是源于用户自身的情感激发，这种情感激发来源于人类对于科技的幻想和以往的媒介使用经历，值得注意的是，这种情感同样也消退于此。有学者认为，用户在使用算法的过程中，会通过自身经验以及对算法的了解，形成所谓的"民间理论"，该理论指导用户的媒介实践。[①]这种

---

① 赵龙轩，林聪."黑箱"中的青年：大学生群体的算法意识、算法态度与算法操纵[J]. 中国青年研究，2022，317(7)：20-30.

基于对算法想象所形成的个人化的、情感化的意识是用户探索算法系统的第一步，也是用户对算法生成评价体系的开始。用户对于算法的想象与对自身的认知形成天然的对照，根据三级编码结果可知，用户对于AI合成主播的兴趣来源于人与机器之间的博弈，用户需要通过与数字虚拟人的交往来确认AI合成主播是否会替代真人。当AI合成主播与用户产生数字联结，用户则会将该种新形态的主持人与以往的主持人进行对照，以往的媒介使用则作为评价AI合成主播的重要坐标系。尽管AI合成主播的运行逻辑与传统真人主持人有着本质不同，但基于表象的对照仍然暴露出技术的不完善之处，使AI合成主播与用户之间的数字交往充满阻碍。这一过程是人与新形态技术产物产生联结的必要过程，也是数字虚拟人（AI合成主播）"祛魅"走下神坛的过程。当最初的新鲜与好奇消失，用户对AI合成主播是否会产生情感依赖，这是用户与AI合成主播进一步交往的基础。所谓情感，也是基于AI合成主播在交往过程中对于情绪的捕捉和表达，如自然或生硬、真实或虚伪，这种基于情感的数字交往既关乎技术的完善性，更关乎人与机器之间的情感距离。当用户对机器产生天然的亲近感和包容，情感距离则会伴随交往而拉近；但如果用户本身对机器心存质疑，其数字交往也许会增加情感距离。因此，解决AI合成主播与用户之间的交往障碍，一方面，需要明确AI合成主播不是短时间吸引用户眼球的"噱头"，而是长期发展完善的数字产品，产品的后期维护和运营远比前期开发更重要；另一方面，用户与机器之间的情感距离受年龄、教育水平、媒介使用频率等多种因素的影响，而数字交往的程度和效果往往受制于人的需求，因此也应当从人的本质需求着眼。

（二）接入感知：交互体验的适应与疏离

对于AI合成主播营造的虚拟场景，比如虚拟演播厅、虚拟新闻现场，用户能够较快适应虚拟场景，并且从新的新闻报道中获取需要的信息。随着媒介素养的提升，用户对于新的主持形式能够较快适应且理性看待。从用户与AI合成主播准社会交往的第一阶段便可以验证，用户能够快速适应场景和形态的转换，并且通过新形态的数字产物满足对于新兴媒介的期待与向往。在交互体验中，用户对于新生产物的快速适应一方面反映出社会环境对于新样态产物的需求较大，也就是说AI合成主播的发展前景十分广阔，但另一方面也能体现出该阶段的AI合成主播的主持模式未能做到突破性的创新，仍然沿用传统主持人的主持程序或与真人主持人共同存在，处于较为被动的地位。虽然AI合成主播是一种新兴事物，但仍可以将其理解为传播过程中关系联结的承载者。AI合成主播与演艺型AI合成主播不同，AI合成主播的输出内容多为固定化的语言和风格，缺乏人格化的吸引力和灵活性。用户对于节目的支持与主持人及节目的契合度关联较大，如果真人主持人被观众认作节目的符号或者名片的话，那么AI合成主播就很难将符号化的内容进行更改。如果AI合成主播强硬加入节目，更改用户内心的固有标签，很可能使用户将自身对AI合成主播的好奇和新鲜转变为疏离和厌烦。从用户的自身体验来说，其心理上的疏离产生的原因十分复杂。对于用户来说，场景的熟悉感会拉近其心理距离。用户不仅仅是对某个主持人的性格、某种主持风格有熟悉感，更是对自己长此以往收看节目的方式和以往经验具有熟悉感。当前AI合成主播的发展仍处于对传统主持方式的模仿阶段，因此AI合成主播的出现与用户以往的观看经验出入不大，能够缓解新生事物的陌生感造成的适应困难。

人工智能时代，依托数字影像和智能算法技术，AI合成主播、社交机器人等媒介形态应运而生。AI合成主播与传统媒介中的真人主持人有着明显差异：前者的运行依托技术，而后者依托人；前者与人的交往更加开放多元，而后者相对单一固定；前者的交往方式更加"拟人化"，而后者相对"程式化"。[①]综上来看，准社会交往的对象从"真实化"走向"虚拟化"的过程，也是准社会交往本身由"虚拟化"走向"真实化"的过程。换句话说，媒介形态智能化的进程使媒介人物从真人扮演变为虚拟化身，然而，准社会交往带来的体验感却越来越趋向真实感，即从"真实的虚拟化"走向了"虚拟的真实化"。随着智能技术的完善，真实与虚拟之间的界限将变得模糊，因此，AI合成主播打造的虚拟空间，实质上是为了增强用户在体验中感受到的"真实性"。正是由于"真实"与"虚拟"之间的模糊化，用户在潜意识里很容易对颇具真实感的AI合成主播产生怀疑。难以分辨的真实性，让用户对AI合成主播产生恐惧和质疑，进而使准社会交往难以进入更深的阶段。真实与虚拟之间的界限难以划分，就会造成用户对待AI合成主播时把控感和安全感的缺失，从而无法在情感上进一步接近和交往。

（三）理性评估：对于算法的期待与恐惧

人类在惊叹于人工智能技术高效、智能、便利的同时，也无时不在担心人工智能技术对人类造成的威胁和风险。人类对于技术的态度往往会影响技术发展的

[①] 周勇，郝君怡.建构与驯化：人工智能主播的技术路径与演化逻辑[J].国际新闻界，2022，44(2)：115–132.

走向，当这种担心大于期待时，技术的发展就会被人的认知固化，变成工具化的存在。AI合成主播原本的发展趋势是融入各种日常情景与用户进行互动，可用户对于AI合成主播的忌惮和恐惧会使其发展只能停留在模仿真人主持人进行程式化的播报上。人与技术的发展应该是共生的，人类思想到达的高度，技术也有可能到达。可人对技术的恐惧使人与技术的发展变成此消彼长的状态，技术受到人类认知、态度的制约，同时人的认知也由于技术的发展难以自主化进步。人类对于AI合成主播的态度也能够反映人与技术目前的状态，用户对算法有所恐惧，担忧AI合成主播的存在会带来伦理、法律、成本等方面的问题，AI合成主播在如今的发展阶段尚未造成较多困难，但人对它的畏惧已经制约了其更深一步的发展趋势。AI合成主播与用户的互动应当要比传统的真人主持人更进一步，少了具象化媒介在中间的阻隔，用户与AI合成主播的联结更加畅通无阻，可认知却阻碍了原本顺畅的联结。

AI合成主播将以往藏匿于"后台"的算法置于"前台"。在社交媒体时代，用户需要通过算法在公共领域以表达、体验和争议的方式来验证算法是否存在和其真实性，而现在用户可以直接通过AI合成主播得以直面来感知、体验算法的存在。可视听、可感受、可互动的具象化算法的产物满足了用户对算法的想象。这一过程，是用户与AI合成主播进行情感交往的起点，是用户对AI合成主播的想象与现实的碰撞。学者布赫(Bucher)提出了"算法想象"的概念，她认为算法想象不仅描述了人们对算法构建的心理模型，还描述了这些想象的生产力和情感力量。算法的想象远不是命名一种虚幻的关系，而是一种强大且有效的识别。①因此，用户对于算法的想象通过具体的交往活动不断验证、推翻，这种对算法的想象有助于AI合成主播融入用户的关系网络。

五、结论与反思

研究用户与AI合成主播进行准社会交往行为的动机、路径和影响因素，可以对用户与AI合成主播之间的联结关系有更加清晰的认识。研究发现，让用户产生准社会交往意愿的并非是单纯的技术因素或者情感因素，而是类似于社会互动的更加复杂的交际因素。本文试图在多种因素中搭建理论框架，并且对AI合成主播的发展给出建议。

---

① BUCHER T.The Algorithmic Imaginary: Exploring the Ordinary Affects of Facebook Algorithms[J]. Information Communication & Society, 2017, 20(1): 30-44.

值得注意的是，本文对准社会交往的互动机制进行了研究，对准社会交往进行了交往基础—体验反馈—进一步交往判断三方面的过程性的划分，但是没有对准社会交往进行维度划分。本文无法对准社会交往的类型进行阐述，也没有横向对比真人主持人与AI合成主播准社会交往的差异性。由于本文是基于质性方法的探索性研究，缺少大量样本的实证检验，在研究方法上存在一定的不足。在接下来的研究中，不仅需要对准社会交往的多个维度进行更细致的划分，还需要结合量化方法对模型中提及的具体变量进行概念化、操作化处理，包括但不限于对AI合成主播类型、节目内容、受访者性格、AI合成主播的智能程度等变量之间的关系进行测量，从而更加深入地挖掘出各变量之间的关系及意义。

六、展望与发现

本文探讨了AI合成主播从三个维度与用户进行准社会交往的三个阶段，即以情感连接为主导的基础交往阶段、以人机互动为基础的体验反馈阶段、以理性评估为依据的进一步交往判断阶段。这三个阶段的讨论实际上是用户与AI合成主播交往的初始阶段，其一是因为AI合成主播还没有典型的"人格化"特征，也无法实现真正意义上的人际化交往；其二是由于对于以上准社会交往过程的讨论包含了一定的用户想象，例如对用户的黑箱恐惧以及对未来AI合成主播造成的伦理风险等问题的探讨。AI合成主播还没有真正发展成熟，AI合成主播与用户的交往方式还处于不断变化中。AI合成主播主要是依靠表演与用户实现交往，包括节目主持、演艺活动等。AI合成主播通过各种表演性质的仪式化展演与用户形成了准社会交往的关系，实际上AI合成主播距离真正融入用户生活还有很长的距离，现阶段所形成的交往关系是媒介带来的表象。法国思想家居伊·德波在《景观社会》一书中指出，"在现代生产条件无处不在的社会，生活本身展现为景观的庞大堆聚。直接存在的一切转化为一个表象"[①]。在德波眼中，社会的存在由各种的表象所支撑，而AI合成主播建构的虚拟空间就是某种媒介意象。AI合成主播能够实现新闻播报、直播、演艺活动、新闻现场采访等多种角色和场景的切换。场景的丰富性与媒介形态的多样性使AI合成主播与用户的交往不仅仅局限于简单的传受关系，更类似于人际传播的社交属性开始凸显。当下元宇宙正处于初探阶段，虽然从现状来看，元宇宙只是一种新兴的媒介形态，但是未来，元宇宙所构建的

---

① 德波. 景观社会[M]. 南京：南京大学出版社，2006：1.

生态将成为社会本身。元宇宙将会通过改变人与人的连接方式,改变人与人的社会关系。[①]在未来的元宇宙生态中,数字虚拟人将与人类以及人的数字替身产生一种更加紧密的关系,这种关系不再依靠媒介表象而存在,而是依靠更加直接、具体的社会连接而存在。

  当前AI合成主播对于人类日常生活的嵌入,更多依靠的是面向大众的表演与个体化的想象。未来点对点式的连接关系会与人类日常生活发生更为紧密的互嵌,同时也可能在一定程度上消解掉人们内心对算法的未知和恐惧,AI合成主播与人类将迎来新的关系形态。首先,AI合成主播的交互技术将进一步提升,能够与人进行无障碍的交流。2022年年底,美国人工智能研究实验室OpenAI推出了ChatGPT,这种人工智能技术驱动的自然语言处理工具将为AI合成主播带来新的发展契机。ChatGPT作为一种通用语言模型,将会对更加复杂的语境进行精准识别,能够与人进行更加自然流畅的交流,AI合成主播与用户的"尬聊"场景也将成为历史。AI合成主播可以继续在大众媒介上进行表演式的主持活动,同时也可以在社交平台与个人进行更深层次的交流探讨。新闻的播报式呈现可能会成为历史,而更具针对性、可定制的个性化播报方式将作为未来AI合成主播需要探究的新领域。其次,人的数字化身的出现将打破AI合成主播与用户之间二元对立的交往格局。在元宇宙生态下,人的虚拟形象将不再是简单的图像、文字等符号化的信息,而是较为完整的数字身份。[②]这种数字身份放置于元宇宙生态中就是人的"数字化身",它可以在虚拟空间中与元宇宙中其他媒介形态实现交互。AI合成主播与用户之间的交往,既能够通过人的具身传播实现,也能够通过数字化身实现。当人在元宇宙社会中实现了身份塑造和身份认同,AI合成主播与用户之间的交往形式也会变得更加复杂。作为信息传达者,AI合成主播在担任信息播报、新闻传送等任务外,可能还需要兼具社交属性,与用户之间进行更加类似于人际交往的人格化互动。

---

① 王天夫.虚实之间:元宇宙中的社会不平等[J].探索与争鸣,2022(4):76-79.
② 李康跃,王雪梅,闫晓阳.数字文明:元宇宙中人的虚拟身份认同与媒介化生存[J].中国传媒科技,2022(2):7-9.

"身体—主体"：智媒时代主持传播中身体的缺失与回归

◎ 齐佳一[*]

摘要：主持传播是基于主持传播主体身体实践和知觉体验而展开的一种主体"身体力行"的传播活动。受西方传统哲学中身心二元对立思想以及智能媒介技术的影响，当下主持传播的身体缺失问题越发明显，其问题表现为身体主体性缺失、身体整一性消解、身体间性异化、身体情境性单一等方面。引入"身体—主体"这一梅洛-庞蒂知觉想象学核心概念，进而探讨主持传播中身体缺失的现实表征及其归因，复归身体在主持传播中的本源地位，强化"身体—主体"的具身主持传播特质，对于智媒时代重拾主持传播的主体性具有理论和实践的双重意义。

关键词：主持传播研究，人工智能，梅洛-庞蒂，身体间性，具身转向

"主持传播主体以真实的人格出现，才能真正在传播中与受众建立起'人与人''面对面'的交往关系，才能拉近传者和受众之间的距离。"[①]主持传播无疑是围绕人而展开的一种实践活动，是主体"身体力行的传播"。这也决定了该活动必须围绕人的身心展开，具有明显的"具身性"。受西方传统哲学中身心二元对立思想以及智能媒介技术的影响，当下主持传播的"离身性"趋势越发明显。在"离身性"的主持传播实践中，传受双方的身体体验和经验互动往往被忽略或摒弃，智媒时代传播主体的身体被视为传播中的"噪音"。在以人工智能为主导的主持传播中，传者成为生产的机械，接受者则成为信息加工中的生产材料和产品。主持传播中具有"身体性"的有声语言成了可以被人工智能合成语音所替代的"符号"，主持人的"身体"成了可以被数字技术所替代的"肉体"，在梅洛-庞蒂"身体—主体"的理论视角下，智媒时代主持传播的身体危机被视为一场主体性危机。由此，探讨主持传播中身体缺失的现实表征及其归因，复归身体在主持传播中的本源地位，强化"身体—主体"的具身主持传播特质，对于智媒时代重拾主持传播的主体性具有理

---

* 齐佳一，四川师范大学戏剧与影视学专业播音与主持艺术研究方向硕士研究生。
① 高贵武，杨航.现实虚拟：技术发展与主持传播的人格进化[J]. 中国主持传播研究，2019(1)：3-15.

论和实践的双重意义。

一、哲学考察：主持传播中的身体意蕴

"身体问题是经典哲学的基础性问题，传统西方哲学中的身心二元对立使身体现象被还原为身体表象，把人们对世界的体验简化为空洞的思想。"[1]梅洛-庞蒂的《知觉现象学》对传统的身心二元对立思想进行了批判与质疑。梅洛-庞蒂把"纯粹意识主体"改造成集被动与主动于一身的"身体主体"，从根本上突破了传统的二元对立思想。梅洛-庞蒂通过对知觉现象的分析，指出身体并不是由心灵实体或灵魂所指使的机器，而是进行知觉和理解活动的主体。在梅洛-庞蒂看来，身体作为人类得以在世存在的原初媒介，当它与事物、他人和世界进行意义建构时，就表征出身体的主体性、整一性、身体间性、情境性等特征。以"身体—主体"所解释的主持传播意蕴体现在四个方面。

（一）身体主体性凸显主持传播特征

梅洛-庞蒂的"身体—主体"概念本质上是对主体性的界定。在他看来，"人类的存在既非离身的心智（Disembodiment Mind）也非复杂的机器，其主体性即在于作为活生物（Living Active Creatures）以人类身体所特有的生理结构介入世界"[2]。笛卡尔提出"我思故我在"，确立了近代哲学认识论中的主体性原则，即"意识主体"。受其影响，在传播领域，身体被视为传播中的阻碍因素，是需要克服之物。"但随着技术的发展，人类摆脱身体在场的面对面交流局限，实现了梦寐以求的远距离精神交流之后，反而又激发了人们对于身体的渴望。"[3]正是出于对身体的渴望，主持传播将面对面的人际传播引入大众传播中，人际性也使大众传播的单向传播变为了双向传播，传受双方通过身体不断进行意义交互，共同构建了主持传播中的主体性。

主持传播使过去在传播中被视为障碍的身体再一次显现，人格化与人际性的特质在主持人的具身传播中得以凸显。主持人身体的主体性在于它能够感知、体验，并通过主客交融的方式来表达经验和建构意义。"在电子媒介时代，作为重

---

[1] 季晓峰.论梅洛-庞蒂的身体现象学对身心二元论的突破[J].东南学术，2010(2)：154-162.
[2] FUSAR-POLI P, STANGHELLINI G. Maurice Merleau-Ponty and the "Embodied Subjectivity" (1908—1961)[J]. Medical Anthro-Pology Quarterly, 2009, 23(2): 91-93.
[3] 刘海龙.传播中的身体问题与传播研究的未来[J].国际新闻界，2018，40(2)：37-46.

要的传播符号,主持人'可见'和'可听'的身体是万众关注的焦点和偶像,同时也是意识形态、权力的策源地。"①从1983年《为您服务》设立了我国电视史上第一个固定节目主持人到今天,主持人的"身体"已经在受众的视野中呈现了四十年,四十年的社会变迁、文化流行以及主持人个人独特的精神品质都在其身体上留下了不同的印记。

(二)身体整一性建构有声语言核心

播音员、主持人的有声语言被视为主持传播中重要的表意符号。然而,梅洛-庞蒂的身体哲学更关注语言的实践性与媒介性,即语言的原初特性。他将语言从纯粹的精神性拓展到身体性,突破了传统的符号学研究。在他看来,语言并非单纯的符号工具,而是一种身体行为和身体姿势,是人们在知觉经验中通过身体表达而诞生的,语言无法同身体相分离,它是连接我和他人的重要媒介。有声语言的核心对应的正是语言背后的"身体性",有声语言背后的"身体性"是主持人与受众产生认同和共情的基础,是引发传受双方产生"身体间性"的关键。

身体哲学将身体从以往的遮蔽状态中解放出来,身体不再是生理意义上的肉体,也非各种器官的外在汇集,而是具有整体意义的统一体。梅洛-庞蒂认为:"身体的各部分以一种相互包含的方式融合在一起,它们不是一些部分展现在另一些部分旁边,而是一些部分包含在另一些部分之中。"②在广播节目中,主体以有声语言为传播媒介,但这并不意味着身体的缺席,也并非单纯只诉诸受众的听觉,身体的整一性特征存在于有声语言的创作和接受两个层面,二者共同构建起有声语言中的"身体性"。一方面,传统广播节目从以往的"我说你听"单向传播模式发展为增设听众热线以达到双向沟通的人际传播模式,其变化正是出于语言表达中对于身体性的需求,在梅洛-庞蒂看来,"语言表达是主体在意义世界中选择表现的立场,当传播主体通过语言沟通实现与其他主体的联系时,语言媒介呈现出整一的身体性的特征"③;另一方面,受众在收听广播时,自身的感觉器官也可以相互共通,达成一种视听联觉。广播节目从以往的"撒播"到当下的"窄播",再到互联网时代的"播客""私人情感电台",主持传播中语言媒介的原初特性越发明显。新媒体时代的广播节目的主持传播主体以自身感性经验为支撑,结合自身具体感受,给受众

---

① 米斯茹.可听的身体:审美现代性视域下的主持人身体实践[J]. 中国主持传播研究,2020(1): 109-118.
② 梅洛-庞蒂.知觉现象学[M]姜志辉,译.北京:商务印书馆,2001: 240.
③ 梅洛-庞蒂.知觉现象学[M]姜志辉,译.北京:商务印书馆,2001: 137.

以生理、心理、情感、认知等多维度的审美享受，构建了以有声语言为主导的网络媒介互动空间。

（三）身体间性营造良好的传受关系

"胡塞尔从意象现象学的先验自我角度提出主体间性，与强调个体的主体性对应，主体间性强调群体性，主体以主体间的方式存在，本质又是个体的，即主体间性是融合个体精神关系的主体间的存在方式。"[①]梅洛-庞蒂将"身体—主体"的概念引入"主体间性"，以"身体间性"替代了纯粹意识的"主体间性"。所谓"身体间性"就是指他人作为我的身体的延伸，与我的身体建立了以身体为中介的协同系统，我和他人的关系直接就是一种身体间的关系。"是我的身体在感知他人的身体，在他人的身体中看到自己的意向的奇妙延伸，看到一种看待世界的熟悉方式。"[②]"身体间性"为身体审美感知提供了基础，正如舒斯特曼所言，"充满灵性的身体是我们感性欣赏（感觉）和创造性提升自我的场所"[③]。"身体间性"作为一种传播关系凸显了主持人身体在场的实在性、身体存在的情感性、身体互动的审美性。

人际性与互动性是主持传播显著的特点。近年来，主持传播向人际性的回归也正是对构建"身体间性"传受关系的回应。在亲身传播中，身体是最为原始的传播界面，人们在身体的接触中感受到对方的语言、表情、姿态，并结合自身的感受去体悟、建构新的意义。在媒介传播中，一方面，主持人以肉身实体在场为基础，同现场的观众或嘉宾形成了一种物理空间的在场交流，使双方情感得以共鸣，让交流从此不再是对空言说；另一方面，在影像传播阶段，人们因害怕孤独而渴望与他人的身体相遇或接触，以此来缓解这种孤独。主持人作为影像传播阶段的界面人物，其身体是重要的传播界面，虚拟的在场使受众能够近距离地"触摸身体"，主持人的身体成了亲身传播和媒介传播的消弭性叙事符号，使媒介传播像亲身传播那样身临其境。同时，在主持传播的人际性互动中，主持人与他者的身体相关联，构成了真实的主体审美过程。

（四）身体情境性凸显传播优势

身体图式是梅洛-庞蒂的身体理论的关键机制，他指出，"我的身体图式不是

[①] 金元浦.论文学的主体间性[J].天津社会科学，1997(5)：85-90.
[②] 梅洛-庞蒂.知觉现象学[M].姜志辉，译.北京：商务印书馆，2001：122.
[③] 舒斯特曼.身体意识与身体美学[M].程相占，译.北京：商务印书馆，2011：1.

如同外部物体的空间性那样的一种位置的空间性,而是一种情境的空间性"①。身体图式为身体与世界建立起一种相互交织、相互耦合的关系。身体图式证明了身体的情境性。情境是认知被理解的一种环境,无论是真实的还是人造的情境,都包含部分的信息,会影响认知主体的身体感受,引发身体与环境产生互动。

对于主持传播的主体而言,对情境的把握是一种重要的能力。优秀的主持人往往能够根据情境的变化进行最有说服力和感染力的主持传播实践。白岩松在1997年香港回归特别报道的直播中,面对突然下雨的情况,他挺直腰杆从容地说出了"一场大雨洗刷的是中国的百年屈辱,风雨过后是中国更加晴朗的明天"。外景的直播情境与演播室中的录播情境截然不同,较之于演播室中单一稳定的情境,外景直播情境具有明显的突变性,也正是这种突变性为主持人的身体传播提供了一定的优势,进而得以应对AI合成主播带来的冲击。主持人即使是在做单纯面对文字稿件的主持传播工作,其身体的情境性特质依然发挥作用。正如於春所言,"情境认知在很大程度上决定着新闻播报更高级的艺术性、创造性"②。

二、身体危机:智媒时代主持传播的身体缺失

智能媒体时代如约而至,以"虚拟主播"为代表的新奇传播形式不断解构主持人"身体传播"的优势,越发成熟的人工智能合成语音技术对具有"身体性"包裹的有声语言发起了挑战。主持人的身体面临着被替代、消解等一系列问题。围绕身体哲学中的主体性、整一性、身体间性、情境性的探讨,智能媒体时代主持传播中的身体危机表现为身体主体性的缺失、身体整一性的消解、身体间性的异化以及身体情境性的单一化。

(一)身体主体性的缺失

受西方哲学中身心二元论和传统认知科学的影响,以及随着新媒介技术的快速发展,主持传播中的"离身性"趋势越发显著。具体表现为两方面:

其一,在主持传播领域,AI合成主播大量上岗,真人主播的身体被真人虚拟数字化的"数字孪生"所替代,抑或是被完全由大数据模拟合成的"合成虚拟主播"所消解。而AI合成主播的实质正是一种基于计算主义的离身认知,AI合成主播以

---

① 梅洛-庞蒂.知觉现象学[M]姜志辉,译.北京:商务印书馆,2001:138.
② 於春.传播中的离身与具身:人工智能新闻主播的认知交互[J]. 国际新闻界, 2020, 42(5): 35-50.

计算机技术和算法程序来构建形象、模拟行为、复制功能。在以AI合成主播为主导的主持传播实践中,传播主体的身体再一次退居到幕后,一个没有肉体的"幽灵世界"应运而生。

其二,智能算法所带来的信息茧房也使受众自身的主体性不断被消解。智能算法通过大数据反馈对用户特质进行精准画像,将各类信息机械灌输、线性填充,使受众看似主动的选择成了被动的接受。在"短、平、快"的数据加工中,受众的情感体验以及感受经验被剔除,受众在数据主义的信息流中不断怀疑和迷失自身作为主体的价值和意义。在以人工智能为主导的主持传播中,传者变为生产的机械,接受者则成了信息加工中的生产材料和产品。算法媒介虽在数据处理上有着较高的精度,但在数据处理之外,却将主体的感知磨灭了。

(二)身体整一性的消解

人工智能合成语音因其制作便捷、语音标准、语速平稳等优点,已大范围应用于主持传播领域,如喜马拉雅听书平台、央广早间新闻播报、抖音短视频配音等。随着人工智能技术的不断更新,AI合成语音仍在不断完善。AI合成语音从以往的语感生硬、逻辑不清、语流钝涩,已发展为目前已具备智能调节语气、语速等功能,AI合成语音中的情感合成也是其明确的发展方向。"这类语音规范、随时在岗、嗓音永不疲劳、情绪状态稳定、应用成本低廉的新技术已经触动了新闻播音员、主持人的奶酪。"[1]

人工智能合成语音的盛行,正是对身体整一性的消解。"在梅洛-庞蒂的身体哲学中,言语同样是一种身体姿势,它是对身体的一种变调,咽喉收缩摩擦气流的送出,在具体的世界场域中获得转喻,从而被他人理解。"[2]AI人工合成语音的本质是通过大数据、云计算等现代技术进行语音采集、语料设计、语音深度加工,进而实现文本之间语音的高效转换,它奉行的正是传播中的"离身性"观念。这类合成语音缺乏梅洛-庞蒂所提出的"身体性"的包裹,言语过程中没有身体的整一性调动,诉诸的往往也是受众单一的听觉感知,很难使受众达到身体联觉感知,进而达到一种审美享受。AI人工合成语音常被受众诟病缺乏情感,缺乏变化,缺乏温度。究其原因,语言本身始于身体,在以真人为主导的主持传播活动中,只有作为主体的人才能与语言媒介相互赋予意义,以身体知觉充实语言媒介的感性经验,进而

---

[1] 翁佳.智能语音技术对播音主持专业与行业影响探究[J].电视研究,2017(12):57-59.
[2] 杨春时,刘连杰.梅洛-庞蒂的身体主体性语言观[J].贵州社会科学,2008(3):19-24.

为传播主体提供主体间性，增强共情，塑造社会关系。

（三）身体间性的异化

AI合成主播在一定程度上消解了传播过程中的身体间性，加剧了身体在主持传播中的符号展演，使作为审美主体和审美对象的身体遭到异化。从传受关系来看，AI合成主播在工具理性的思维下将身体体验、感知、情绪等尽可能排斥在外，以此提高传播的效率。当虚拟主播机械地循着代码进行新闻播报时，主持传播其实就已经失去了身体的联合，不再是"身体间性"的活动，主持传播中的审美属性逐渐异化。受众作为主持传播中的接受与审美主体，在观看节目时通常会与播音员、主持人形成想象的身体联合，在共情的基础上优化主持传播效果。

例如，2020年11月3日，康辉在《新闻联播》中22分38秒的超长口播快速"出圈"，康辉在播报时数次嘴角泛起白沫，这并未让受众对此行为感到不适，反而对这一正常的生理现象所折射出的职业精神表示敬佩。可见，新闻主播真实的生理反应是受众在传播中获得身体间性的关键。然而，AI合成主播在对身体影像进行特征提取等数字化模拟时，会抹去这些特殊的生理反应。受众观看以人工智能为主导的新闻节目时，实际上是在观赏人工智能对身体影像的"运算结果"，因此受众难以与AI合成主播之间形成想象的身体联合，进而建立身体间性。同时，随着AI合成主播不断介入身体影像的审美过程，影像中真实的身体符号成了工具性的数字符号，"智能身体"在符号化展演过程中成了流于代码和数据库之间漂浮的能指，主持传播中真实的身体审美活动也逐渐沦为异化的符号观赏。

（四）身体情境性的单一化

在主持传播中，不同的情境都在自动生发意义，都对传受双方产生着不同的影响。当下主持传播的情境呈现出单一化趋势。演播室是主持传播实践中的重要情境，在传统的电视新闻节目中，演播室里正襟危坐的主播与深入现场的出镜记者相互配合，共同构建出客观真实且具有权威性的新闻文本。在此文本中，演播室化身为专业、权威、严肃等意义的承载符号。徐华将中国电视新闻节目演播室的发展划分为传统演播室、全景开放式多媒体演播室、"融媒体演播室"[①]。从曾经单一机位到多机位，从单一坐播到站播、移播、互动、访谈等多种形式的融合，演播室的演变使主持人的身体得到了更多展示。但较之于丰富且充满泥土气息的外景，主持人

---

① 徐华.融媒体演播室节目主持人传播主体意识的重构[J]. 中国主持传播研究，2019(2): 62–73.

的身体仍然是在单一封闭空间中的展演，其实际身体体验依然缺位。"主持人在封闭的直播间、摄影棚内完成了自我的身体展示，让观众习惯了这种展示，不再追求近距离真实的身体信息交流和深层次的认知。"①

同时，在技术赋权的语境下，短视频新闻成为新闻报道的新选择，短视频新闻以丰富的新闻场景给受众以多元的情境认知，但短视频新闻旨在为受众打造沉浸式的场景体验和开放式的新闻解读，视频中往往会去掉主持人这一中介人物，多元的情境并未与主持人完美融合，去主持人化的趋势在智媒体时代越发明显。

三、回归路径：主持传播的具身转向

身体实践是主持传播有序开展的动力源泉，是激发传受双方情感活力的基本保障，是受众在传播过程获得审美体验的关键要素。在智能媒体时代，身体在主持传播活动中的缺失引发了身体回归的呼唤，因此在主持传播实践中，打造具身性的传播路径变得尤为必要。这包括：确立身体—主体的主持传播理念；强化言行合一的主持传播实践；从身体间性的角度重新塑造传受关系；构建身体参与的主持传播情境。

（一）确立身体—主体的主持传播理念

当下传播学领域掀起了传播研究中的"身体转向"热潮。刘海龙认为，"将具身立场引入传播研究有助于后者更有效地与其他学科领域围绕传播与身体问题的研究展开对话，借此拓展传播研究的视野"②。然而，"作为与'身体'紧密勾连的主持传播领域却鲜有关于'身体'理论化、学术化的探讨"③。同时，随着人工智能技术的快速发展，AI合成主播、AI合成语音、智能算法等一系列全新技术都让主持传播中的主体性建构面临着前所未有的挑战。在理论和实践的困境下，主持传播领域同样可以确立"身体—主体"的具身性主持传播理念，拓宽主持传播研究的视野，完善主持传播的人格化特质，以此应对智能媒体时代主体身体缺失的问题。

确立主持传播研究中的"身体—主体"的具身性立场，具体表现为两方面：其一，肯定身体在主持传播过程中的重要地位及其不可替代性，从身体主体性、身体

---

① 邵鹏，杨禹.AI虚拟主播与主持人具身传播[J].中国广播电视学刊，2020(6)：71-74.
② 刘海龙，束开荣.具身性与传播研究的身体观念——知觉现象学与认知科学的视角[J].兰州大学学报（社会科学版），2019，47(2)：80-89.
③ 薛翔，杨航.新技术实践中的"身体"：理解主持传播的智能主体[J].新闻爱好者，2020(7)：59-62.

整一性、身体间性、身体情境性等理论视角出发建构具身性的主持传播活动，借此对抗人工智能带来的"离身性"观念；其二，重视身体的独创性，在使用智能技术的同时保持警惕，避免具身性的主持传播活动被离身性的人工智能算法所掩盖，从而将身体决策权让渡于技术以及技术背后的资本。

（二）强化言行合一的主持传播实践

对于主持传播工作者，其身体不仅是创作的工具和知觉的手段，同时也是表现的媒介、最终的视觉成果或艺术对象。《论语·颜渊》篇曰："察言而观色。"在人际传播中，语言同身体动作是一个整体，两者相辅相成。主持人在主持传播中达成身体的整一性，需使身体各部分协调运动，调动自身全面感知，进而进行艺术创作。AI合成主播在主持传播实践的过程中，其"智能身体实践"仍处在割裂状态，其身体传播缺乏整一性。例如，AI合成主播在新闻播报中存在眼神呆滞、肢体动作机械化、缺乏身体动势等一系列问题。而人作为传播主体往往可以通过丰富的身体动作，强化、丰富、补充和显露节目内容的信息，通过真诚的眼神，迅速实现人际沟通。主持人在节目中诚挚的目光、微笑的面庞、潇洒大方的举止、神采奕奕的状态、和谐得体的衣装，都会增强主持传播的说服力和感染力，给受众以知觉经验与精神意识的双重享受。

主持人将身体融入主持传播中，利用身体动作、感知和想象等身体活动与生活世界建立紧密的联系，让感性力量和精神力量在传播过程中得以彰显。在无交流对象的语境中，主持人即使是面对文字稿件也需要调动主体身体的全面感知进行具体感受，通过身体去思考，进而形之于声、及于听众，这便是播音主持正确的创作道路。正如舒斯特曼所言，"通过身体去思考之时，不仅改善着人类文化的物质手段，也在强化着我们作为主体享受这种手段的能力"[①]。

（三）从身体间性的角度重新塑造传受关系

在身体间性理论视角下，AI合成主播目前的"智能身体"显然无法与受众建立真正的"身体间性"。在"身体间性"视野下，传受双方互为主体，不存在主客之分。不管是主持人还是受众，都是身处主持传播场域中有血有肉的生命个体，传受双方应灵活运用身体语言所建构的"身体—对话"场域，在主持传播活动中开展深入的对话、交流与沟通，形成一种平等合作、主动对话、情感融洽的人际化传播，重构

---

① 舒斯特曼.通过身体来思考：身体美学文集[M].张宝贵，译.北京：北京大学出版社，2020：38.

真正"面对面"的传受关系，以此实现人的全面发展。"身体间性"的推出使身体成为传受双方相遇的桥梁，让受众不仅可以感受到传播主体的各种表现，也能全面调动自身的身体知觉，从而达到真正的沉浸式传播。

在《工人日报》推出的《职业总动员》系列报道中，出镜记者乔然摈弃了以往以自我为中心，在镜头前较为拘束的身体行动，而以真实的知觉反应和身体行动与嘉宾、受众构成了真正的"身体间性"。在一期关于消防员的节目中，他与消防员战士同吃同睡同劳动，具身介入真实情境中。乔然长跑时的气喘吁吁、吃饭时的饥饿感、聊天时的真情流露，都是其最真实的身体反应。至此，这期节目的传播目的、价值意蕴都在他与消防员的身体碰撞以及自身的身体表现中得以涌现。在此类沉浸式的新闻报道中，"身体间性"让情感自然流露，意义自动生成。同时，全新的VR技术也能够将传受双方带入一个虚拟情境中进行体验，这种环境使传受双方在现实情境中的身体被真切地置于虚拟的主持传播实践中，从而拓展了双方的知觉体验，让传播回归于身体界面。

（四）构建身体参与的主持传播情境

身体是人进入世界的原初性媒介和工具。人要介入情境，离不开对身体的使用。主持人应当从以往单一的演播室情境中走出去，践行自身的"脚力"，深入社会生活，置身新闻现场，感知群众情感，把握时代脉搏，将身体与真切多元的情境相交融，发挥其具身性传播的优势，避免身体沦为展示的花瓶。广西广播电视台的主持人在主持传播实践中便走出演播室，深入扶贫一线，进行了"党旗领航 电视扶贫 我为家乡代言"活动直播，发挥自身的"名人在场效应"，此举获得了中宣部新闻局的高度赞扬。"对于主持传播而言，技术的发展可谓催化剂，它既是试金石，又是照妖镜。"[①]AI合成主播的出现，使传统的新闻播报工作有了被替代的可能，但也为主持人在多元情境中进行身体实践提供了条件。央视频在两会期间便推出了首档"真人+虚拟人"双主播同框互动的节目《"冠"察两会》。真人主播王冠深入现场，通过身体知觉与他人进行交流和交往，其"数字孪生"主播则在演播室中完成了线性播报，两"人"同框完成了这一主持传播实践，体现了人文关怀与科技创新并存。

---

① 高贵武，杨航.现实虚拟：技术发展与主持传播的人格进化[J].中国主持传播研究，2019(1)：3-15.

结　语

　　在传统西方哲学的主流语境中，主体是精神的代名词，身体似乎与人格和心智没有实质关联。身体现象学突破了这种认识，提出了身体即主体的概念。"无论个体在生存、生活中对世界的反应与适应，还是其主观性、能动性、创造性等，皆基于身体、通过身体体现出来。"[①]在主持传播活动中，传播主体的人格和心智都因其身体而得以显现，主持传播实践因身体而精彩。在新技术的影响下，身体逐渐被抽离于主持传播活动，主持传播中的主体性日益衰减。身体的缺位呼唤身体的回归。彼得斯在《对空言说：传播的观念史》中指出，对于传播而言，肉身的在场是至关重要的。如果说交流是真实思想的结合，那就是低估了身体的神圣。虽然人工智能技术已经可以充分地模拟人体，但身体是否真正在场仍然具有重要意义。对"在场"的追求本身未必会使人们更便利地进入对方的心灵，然而却可以使传播主体更便利地接触对方的身体。因此，对于智能媒介技术，一方面，在肯定其带来的传播优势的同时，也要警惕其对"身体"的颠覆性甚至破坏性影响；另一方面，在应用新技术的同时，要以"身体"作为智媒时代主持传播活动的起点和基础，从而建立具有良好身体间性的传受关系，发挥"身体"之于主持传播的重要作用，复原主持传播中人际性与人格化的核心理念。智能媒体时代对于身体的探讨契合了媒介环境变化的实际需求，关于身体的研究还包含身体意象、身体符号、身体叙事、身体媒介等多个方面，因此，未来的主持传播研究仍可从中汲取丰富的理论资源并进行深入的探索。

---

① 闫旭蕾.论身体与我/我们的关系[J].鲁东大学学报(哲学社会科学版)，2016，33(6)：1-4.

作为"虚拟有机体"的AI合成主播：具身认知下的主持传播研究

◎ 王郝爽[*]

摘要：认知科学的具身转向及物质基础同时呼应着整个社会科学中的物质性转向。在智媒时代，随着人工智能、算法、机器学习等大数据技术的快速发展，AI合成主播凭借智能化、全时空、场景化等优势改变了主持传播的形式。从具身认知的观点来看，AI合成主播是基于身体感知的即时性行动和借助技术工具的结构化思考两种认知模式协调运作的。作为"虚拟有机体"化的主持具身传播主体，AI合成主播在塑造全新的主持传播者的"人机耦合"的关系的同时，也在与技术的互动关系中重新定位主持传播中的场景、认知，并通过一系列具体议题与新兴现象增进了主持传播研究的想象力与阐释力，为主持传播的具身发展提供了新的方向和参考。

关键词：AI合成主播，媒介物质性，具身传播

一、问题的提出

5G时代的来临加速了智媒化的进程，场景融合与关系网络正在重塑媒介的传播样态。移动短视频、网络直播的跨界融合逐渐成为传播新常态，也为主持传播的价值探索赋予了广阔的实践空间。2021年10月20日，国家广电总局发布的《广播电视和网络视听"十四五"科技发展规划》当中提到，要加快推进制播体系技术升级，强化人工智能、大数据、区块链在内容选题、素材集成、编辑制作、内容审核、媒资管理、字幕制作等环节的应用，促进制播流程智能化。[①]推动虚拟主播、动画手语广泛应用于新闻播报、天气预报、综艺科教等节目生产，创新节目形态，提高制播效率和智能化水平。[②]对于主持传播而言，无论是AI合成主播的出现，还是人

---

[*] 王郝爽，中央民族大学新闻与传播学院2020级新闻学硕士研究生，主要研究领域为智能传播研究。
① 王莹.播音员主持人素质养成的重要意义[J]. 中国广播, 2021(12): 56-60.
② 国家广播电视总局.广播电视和网络视听"十四五"科技发展规划[EB/OL] . (2021-10-20) [2023-01-29].http://www.nrta.gov.cn/art/2021/10/20/art_113_58228.html.

工智能主持人的诞生，都在"打造媒介奇观""注入新鲜血液""提升业务效率"等方面发挥着不可忽视的作用。

AI合成主播是在人工智能技术中的语音合成技术和人脸合成技术的基础上，结合语音、图像等多模态信息进行联合建模训练后生成的人工智能分身模型。[1] 通过提取真人主播在新闻播报视频时的语音、唇形、面部表情和动作特征，并与建模训练等技术相结合，AI合成主播成为AI在新闻传播领域应用的又一大新突破。近年来，随着人工智能技术的快速发展，AI合成主播逐渐走进大众视野，参与中国国际进口博览会、全国两会等重要会议活动报道，成为主流媒体新闻内容生产的重要力量。有研究总结，全球人工智能主播的发展于2018年进入虚拟化、数字化的"AI合成主播"阶段，是人工智能主播的最新形态，是智媒深度融合发展的产物。[2] 2018年，新华社与搜狗联合发布的全球首个AI合成主播"新小浩"，不仅神情语态生动自然，更具备了数据处理和深度学习能力；自"新小浩"起，三大央媒与科大讯飞、搜狗等研发机构合作，带头推出各自的AI合成主播，并迅速在两会等重大报道活动中投入使用（表1）。此外，人民日报社以主持人果欣禹为原型打造了"果果"，央视和百度合作推出了"小智"。地方媒体机构也相继跟进，从不同角度发力，如湖南卫视打造了形象活泼甜美的"小漾"，而北京广播电视台侧重服务应用，推出了中国首个广播级智能交互真人数字人——"时间小妮"。

表1 AI合成主播的发展历程与成果

名称	"新小浩"	"康晓辉"	"新小萌"	"新小微"	"时间小妮"
发布时间	2018年	2018年	2019年	2020年	2021年
研发团队	搜狗 新华社	中央广播电视台	搜狗 新华社	搜狗 新华社	北京广播电视台
原型	新华社主播 邱浩	央视记者 康辉	新华社主播 屈萌	新华社记者 赵婉微	北京广播电视台主持人 徐春妮
特点	全球首个AI合成主播	"可闻其声，也见其人"的AI合成主播初见端倪	全球首个AI合成女主播	全球首个3D AI合成主播	中国首个广播级智能交互真人数字人

随着5G、人工智能、VR等技术的发展进化，移动设备的广泛使用、视频时代

---

[1] 郭琳."AI主播"技术挑战下新闻主播传播角色重构与策略优化研究[J]. 新闻爱好者, 2019(8): 30-33.
[2] 吴锋, 刘昭希. 人工智能主播历史沿革、应用现状及行业影响[J]. 西南民族大学学报（人文社会科学版）2021, 42(5): 174-183.

和大屏时代的到来，融合转型实践中的"沉浸体验""场景互动""数据可视""文字可听""界面可触"等已越来越多潜在地实践着"具身性"传播。①梅洛-庞蒂在《知觉现象学》中区分和界定了"客观身体"与"作为世界中介的身体"，成为具身认知最直接的思想来源之一。②由于技术强势介入主持传播过程，因而AI合成主播与新闻编辑、主播之间的关系就变得紧密而微妙：AI合成主播成了连通真人主持人的媒介，使真人主持人网络化的身体与多样化的主持传播场景相连，AI合成主播使真人主持人的身体在经历了网络化的延伸之后，被整合进互联网运作体系的身体与具身传播过程当中，形成了主持传播的新型参与主体，即"虚拟有机体"。"虚拟有机体"的身体呈现的不是麦克卢汉所谓的"媒介是人的延伸"③，而是正如强调媒介物质性的基特勒（Friedrich Kittler）所言的："人是媒介的延伸。"④作为"虚拟有机体"的AI合成主播，可以把人和技术的双重逻辑、现实世界和虚拟世界的双重行为联系在一起，并使其相互渗透。"虚拟有机体"的网络躯体也是技术浸透、数据浸透的技术与人类结合而产生的一种全新载体，它是主持传播智能化发展的最终载体。⑤

基于上述研究，本文将在归纳总结AI合成主播的具身进阶演化、优势特点的基础上，对以下问题予以探索：具身视角下的AI合成主播的场景交互是如何发生的？新闻生产者如何在主持传播中借助对AI合成主播的具身认知整合场景？从自适应、自组织、自涌现的媒介进化来看，认知发展与动力系统的主持传播人机耦合优化进路是如何进行的？

二、文献回顾

单就技术实践而言，技术驱动下的AI合成主播在主持传播过程当中具有融合、延展、共生、共情等传播特点。⑥在主持传播过程当中的主体之所以能够彰显自身的"生命力""活力""温度"，是因为情感、思维、副语言等具身的表现。而

---

① 许燕，刘海贵.具身体验：融合新闻的创新实践和理念更新[J].西南民族大学学报(人文社科版)，2019，40(12): 137-143.
② MERLEAU-PONTY M.Phenomenology of Perception[M].London: Routledge Press, 2012: 94-97.
③ 胡泳.理解麦克卢汉[J].国际新闻界，2019，41(1): 81-98.
④ 吴璟薇，曾国华，吴余劲.人类、技术与媒介主体性——麦克卢汉、基特勒与克莱默尔媒介理论评析[J].全球传媒学刊，2019，6(1): 3-17.
⑤ 张洪忠，斗维红，任吴炯.元宇宙：具身传播的场景想象[J].新闻界，2022(1): 76-84.
⑥ 汤代禄.具身传播时代主流媒体融合转型策略[J].青年记者，2021(5): 20-21.

这些内容的传递又主要以"身体"来展开。无论是在主持传播领域，还是在日常生活中，"身体"在传递信息、表达情感、阐释思想等方面扮演着必不可少的角色。虽然具身性理论研究是近年来出现的一种新的研究趋势，但是它的形成却具有深厚的哲学与心理学基础。[①]在哲学层面上，德国哲学家尼采（Friedrich Wilhelm Nietzsche）首次在关于身体的论述当中提到解放"身体"；[②]胡塞尔（Edmund Gustav Albrecht Husserl）从现象学的视角指出了意义这一事项是主体和外部世界相互对话的活动和过程，并非主观臆测抑或自我观念统整；[③]海德格尔（Martin Heidegger）更进一步用"在世存在"的概念来诠释主体与客体之间的模糊界限并借以冲击自笛卡尔以来的主客二元论的统治地位；[④]而法国哲学家莫里斯·梅洛-庞蒂（Maurice Merleau-Ponty）作为具身认知理论的集大成者，其关于"暧昧的身体"的言论将身体拉回了认知视域，以其为肇始，"身体不再作为世界的物体，而是作为我们与世界联系的手段的身体"[⑤]。

进入人工智能时代后，算法技术驱动下的虚拟身体完成了和传统身体的脱离，以一种全新的仿真模态嵌入信息传播环节。人工智能技术的发展使物理意义上的身体逐渐被消解，利用技术打造出的"分身"模型实现了身体叙事和图像建构。[⑥]不过，人工智能技术带来的信息革命在为人们提供便利的同时，也引发了新闻传播学界、业界新的职业焦虑，即AI合成主播的发展与应用会为新闻业带来哪些影响？AI合成主播的虚拟在场能否真正代替主持人的身体在场？从技术伦理的角度出发，AI合成主播的算法黑箱可能会对新闻伦理产生威胁；[⑦]而从媒体融合、新闻生态的角度出发，AI合成主播的发展是对新闻生产的科技赋能，[⑧][⑨]AI合成主播给真人主持人带来了多种挑战，[⑩]但也为智媒时代播音主持艺术的创作嬗变与价值提供了

[①] 王靖，刘志文，陈卫东.未来课堂教学设计特性：具身认知视角[J]. 现代远程教育研究, 2014(5): 71-78.
[②] 汪民安.身体、空间与后现代性[M]. 南京：江苏人民出版社, 2015: 11.
[③] 胡塞尔.笛卡尔式的沉思[M]. 张廷国，译. 北京：中国城市出版社：2002: 156.
[④] HEIDEGGER M. Being and Time[M]. Albany: State University of New York Press, 2004: 82-83.
[⑤] 梅洛-庞蒂.知觉现象学[M].姜志辉，译.北京：商务印书馆, 2001: 270.
[⑥] 潘颖.智媒时代AI合成主播的进阶演化、技术反思与发展进路探析[J]. 新闻研究导刊, 2021, 12(18): 15-18.
[⑦] 孔令强.模仿、创新与新闻黑箱——对"AI合成主播"的技术反思[J]. 传媒, 2020(17): 47-49.
[⑧] 何强.从全球首个AI合成主播诞生看媒体融合：媒体应用场景就要AI到底[J]. 中国记者, 2018(12): 65-66.
[⑨] 宋国澳，麦梦佳.智媒时代新闻播报的新特征与发展困境——基于新华社AI合成主播家族的研究[J]. 青年记者, 2020(32): 67-68.
[⑩] 刘佳.5G时代传统媒体面临的最大难题[J]. 南方传媒研究, 2019(6): 52-55.

参考。①而随着虚拟现实技术、算法、人工智能技术的发展进步，技术推动下的人工智能在新闻播报领域中的具身认知及交互应用开始交互萌动，数字技术改变了虚拟空间的呈现方式，曾经以"离身性"为主的虚拟空间也越来越多地体现出"具身性"的特点，②这让更多学者转向对AI合成主播具身性的思考。AI合成主播是智能化主持传播过程中的数据生产主体，其自身的数字化特性也使其成了主持传播过程当中的数据主体，AI合成主播的实时数据与虚拟行为都会通过虚拟与现实的多场景交互实时反映出来，并以数据的形式向互联网空间扩散。③由此，在媒介物质性关于具身性理论的视域下，学界关于AI合成主播的研究与思考已经跳出了"AI合成主播是否会替代真人主播"的二元对立模式，向主持传播的具身研究的纵深方向发展：AI合成主播的发展经历了从1.0阶段"机器他者"的机械身体到2.0阶段"心理投射"的数字化身，再到3.0阶段"超级他者"的智能具身的过程，这也是心理学同体效应、同步效应和多看效应原理共同作用下的具身升级；④作为认知科学与人工智能在新闻播报领域的典型应用之一，人工智能新闻主播源于离身认知，日益走向具身认知，不断尝试两种认知的交互融合；⑤此外，AI合成主播的物质身体和文化身体发生了变化，即AI合成主播前台与后台的界限不断模糊，由此产生的"技术身体"成了场景融合和增殖的"新中区"。⑥

综上所述，作为认知科学与人工智能在播音主持方向的代表应用之一，AI合成主播在拟人程度、智能化程度、人机交互水平等方面实现了技术进阶，这正对应着认知科学递进的发展阶段以及"身体"问题在具身人工智能研究领域的发展进路：随着20世纪五六十年代"认知科学革命"的兴起，人们认为认知和思维过程发生在智能体与环境的自适应交互之中，因此"有感知力的身体"变得尤为关键；20世纪80年代，美国学者唐娜·哈拉维（Donna Haraway）提出了其著名主张——"赛博格宣言"。哈拉维指出，由于人们已经接受了身体的技术化，并通过技术手段来

---

① 王秋硕,鲁昱晖.智媒时代播音主持艺术的创作嬗变与价值考究——以"AI合成主播"为例[J].中国电视,2021(4):86-91.
② 彭兰.智能时代人的数字化生存——可分离的"虚拟实体"、"数字化元件"与不会消失的"具身性"[J].新闻记者,2019(12):4-12.
③ 张洪忠,斗维红,任吴炯.元宇宙:具身传播的场景想象[J].新闻界,2022(1):76-84.
④ 刘漾榴,莫梅锋.从仿真到说服:电视AI合成主播的迭代创新与具身升级[J].当代电视,2021(2):99-102.
⑤ 於春.传播中的离身与具身:人工智能新闻主播的认知交互[J].国际新闻界,2020,42(5):35-50.
⑥ 邹建中.身体、遮蔽与新中区:对AI合成主播技术具身的反思[J].现代传播(中国传媒大学学报),2022,44(1):98-103+125.

改造身体，我们就已经是一种"有机体"生物技术的存在了。①②赛博格宣言改变了关于身体的物质性研究的轨迹——机器可以采集信息并"传递"给人们，并且在信息传输过程中突出强调具身性。③随着认知科学的发展，具身性、情境认知、认知发展和动力系统成为"第二代认知科学"的四个典型主张，由此奠定了"第二代认知科学"的基础共识。④"第二代认知科学"的标志性倡导为：身体是心智的基础，身体在人类认知及相关社会活动中具有首要作用。⑤多元智能化传播场景实现了AI合成主播的"具身"与其自身的信息收集、认知及处理的"整合"。

在主持传播场景融合与关系网络当中，AI合成主播打破了虚拟与现实、数字与自然"两个身体"之间的界限，实现了对多元场景的整合。本文将AI合成主播视为智能时代主持传播的新型主体，并指出AI合成主播通过对身体的重塑，赋能多元多维的、虚实相间的场景融合，实现了主持传播表达形式的复合化。本文还从认知发展与动力系统进阶的视角出发，探讨了AI合成主播与包括主持人在内的新闻生产者的"人机耦合"的具身认知进阶过程。

三、移动时代的符号化场景和临场化场景

与PC时代的互联网传播相比，移动时代的场景意义被强化了。"场景"原本是影视领域的一个概念，是指在某个特定的时间和空间里发生的一种行为，或者说是人物活动的一种场合与环境。⑥在社会学理论中，场景指的是人与周围环境物的关系总和，它不仅仅具有客观实在的时空属性，还具有主动影响人们日常生活实践、具体情境感知的文化价值。移动传播的本质是基于场景的服务，对场景的感知及信息（服务）的适配。场景成了继内容、形式、社交之后媒体的另一种核心要素。⑦约书亚·梅罗维茨（Joshua Meyrowitz）在其《消逝的地域》一书中，分析了戈

---

① 周丽昀.身体：符号、隐喻与跨界——唐娜·哈拉维"技科学"的主体解析[J]. 科学技术哲学研究, 2011, 28(5): 62-67.
② HARAWAY D.Simians, Cyborgs, and Women: The Reinvention of Nature[M]. New York: Routledge, 1991: 149-181.
③ 孙玮.赛博人：后人类时代的媒介融合[J]. 新闻记者, 2018(6): 4-11.
④ 李恒威, 黄华新."第二代认知科学"的认知观[J]. 哲学研究, 2006(6): 92-99.
⑤ 李其维."认知革命"与"第二代认知科学"刍议[J]. 心理学报, 2008, 40(12): 1306-1327.
⑥ 杨雅莎.论5G时代场景传播对公共关系的重构——以场景广告为例[J]. 科技传播, 2021, 13(17): 159-161.
⑦ 彭兰.场景：移动时代媒体的新要素[J]. 新闻记者, 2015(3): 20-27.

夫曼与麦克卢汉的相关思想后得出了有关媒介对社会行为影响的结论，①并将场景定义为信息采集、生产和输出方式的信息系统及信息获取的模式。②由此，场景的物质场地的定义被"消解"了，对人们交往的性质起决定作用的并不是物质场地本身，而是信息流动的模式。③在场景研究中，学界目前已抛弃社会场景仅仅是在固定的时间和地点发生的面对面的交往的概念，而将场景视为一种更广泛、更有包容性的"信息获取模式"。④

AI合成主播是主流媒体在媒介融合进程当中逐渐引入和确立具身传播，转变传统新闻生产方式的一次大胆的探索与尝试。⑤新媒体（微信、微博、直播、短视频、综合音视频平台等）和传统媒体（电视、电台、书籍、杂志、报纸）的融合发展趋势使主持传播过程当中的多种虚拟场景不断交互，变化的场景为AI合成主播依托社交媒体平台开展传播活动创造了条件。基于移动时代场景的智能性、社交性，主持传播产生了新的表意方式、意义生产与价值流转的符号规律，从符号系统的角度出发，虚拟场景所推行的一切都必须通过一系列的符号系统来落地。AI合成主播的本质是基于数据模型的符号系统，它对虚拟场景的呈现方式及价值体系进行编码。在智能时代的主持传播过程当中，主播所在的空间是多元文化与物质符号交织形成的新型场域。譬如，在2022年北京冬奥会期间，新华社发布了《AI合成主播说新闻》系列节目对赛事进行报道，其中，冰雪运动符号及其内涵是报道的主元素，而科技符号、中华文化符号、Z世代青年文化符号也被纳入其中，借助视听符号，冬奥文化符号被整合成可被用户视觉、听觉直接捕获的文化景观。同时，人工智能技术创造的虚拟空间与物理"场景"真实空间"无缝"对接，形成主持行为环境的"环境场景"，从而建构了一个有组织的智媒体主持传播整体。在该场景中，身为传播主体的AI合成主播负责构建场景的符号意义与生产内容产品，逐步构筑了多元的符号化场景。

结合符号化的新型主持传播场景，AI合成主播技术为主持传播的表达和交流提供了多种不同的可能，使之得以实现在"物质身体和文化身体的交织中"随智媒新闻生产环境进一步演化。以往演播室中的主持传播活动通过视觉与听觉向观众传递的是较为单一的"现场感"，AI合成主播则为用户和演播现场建立了一种新的

---

① 李欣, 彭毅.符号化表演：网络空间丧文化的批判话语建构[J]. 国际新闻界, 2020, 42(12): 50-67.
② 陈斯华.网络社交媒体智能化对社交场景的影响[J]. 传媒, 2022(8): 23-25.
③ 梅罗维茨. 消失的地域：电子媒介对社会行为的影响[M].肖志军, 译. 北京：清华大学出版社, 2002: 33.
④ 何梦祎.媒介情境论：梅罗维茨传播思想再研究[J]. 现代传播(中国传媒大学学报), 2015, 37(10): 14-18.
⑤ 汤代禄.具身传播时代主流媒体融合转型策略[J]. 青年记者, 2021(5): 20-21.

联系:"临场",也就是让用户进入演播现场。①新技术从多角度促进了用户在新闻传播过程当中的"临场感"和"进入感"。"移动设备""传感器""社交网络""定位系统""数据"是构成场景的五种技术要素,②移动互联网时代的多元场景使上述五种技术共同将用户的言语、眼神、手势和语态等交流手段转化为在数字虚拟空间中进行社交和交流的符号。一方面,AI合成主播技术搭配VR、AR计算机仿真系统技术,在三维空间内对新闻演播室进行模拟与再现,③刺激用户的多感官,实现"生理在场",使用户体验到"近在咫尺"的身体远程在场的真实临场感;另一方面,通过网络直播、移动直播等形式,依靠社交媒体平台营造传播多元场景,通过实时弹幕、评论等获知用户的想法与情感,并据此有针对性地为用户提供有价值的资讯回馈。AI合成主播技术通过满足用户的"心理在场",实现跨时空环境下的同语境对话,鼓励用户的参与,促进虚拟场景增殖,使以往单向、线性的主持传播过程拓展为线上线下互动,形成多元立体的交互场景,使传播者与用户在观感与认知上形成了统一的认知。

综上所述,以AI合成主播为主体的主持传播过程是基于智能视听传播技术基础上的符号化场景再造,从具身传播视角出发,AI合成主播的传播过程逐渐使用户获得"临场化"的传播体验:从视觉听觉感官到大脑意识带动身体融入虚拟空间的场景当中。

四、具身认知视角下的 AI 合成主播场景交互

AI合成主播使新闻生产的各场景之间的界限不断模糊,由此产生的"虚拟有机体"成了场景融合和增殖的情境认知的新场域,它不但能适应融合与裂变的新场景,还能调整其社会角色,进行从生产、加工信息到内容的多元输出与场景服务,并通过对跨场景数据的分析整合,进行传播场景的融合与重构。

(一)具身沟通与情感连接

传播场景是一个具有开放性的系统,具身的英文"Embodiment"一词生动地说明了身体并非是孤立的,而是"嵌入"的,它与外部世界相连,也就是说,身体具

---

① 彭兰.智媒化:未来媒体浪潮——新媒体发展趋势报告(2016)[J]. 国际新闻界, 2016, 38(11): 6-24.
② 斯考伯,伊斯雷尔. 即将到来的场景时代 [M]. 赵乾坤,周宝曜,译. 北京: 北京联合出版公司, 2014: 6-7.
③ 华思宁.融入智能科技的临场化新闻的情境重塑与视角转换[J]. 出版广角, 2019(19): 66-68.

有情境性。如此，人类的思维认知活动不仅是发生在大脑当中的，更是发生在多元场景交互过程当中的。主持功能可大体归纳为五个方面，即衔接、叙事、沟通、评论和掌控。①AI合成主播因其准确性和稳定性，在衔接与叙事上都已达到较高水平，而在沟通、评论和掌控三方面，主持传播的主体及其传播过程会因情境的不同而被赋予不同含义。具身认知理论认为，认知有赖于人的身体结构以及最初的身体和世界的相互作用，②因而只有植根于情境脉络当中的传播方才有效。AI合成主播在主持传播的过程当中必须参与到具体的人际、组织、大众传播情境当中。

随着技术的发展，AI合成主播已经在表情、动作等方面做到"拟人"，但若要使之拥有"灵魂"，就必须使AI合成主播与Z世代年轻人一代的审美标准、消费习惯相契合。鉴于此，AI合成主播在继续深耕新闻播报、多语播报等优势领域的同时，一方面可通过形象、场景等维度的创新提升受众的新鲜感，另一方面可对不同节目的虚拟主播有针对性地进行情感价值输入。例如湖南卫视推出了国内首个常驻且具有人格化特质的AI合成主播"小漾"，并为其开设微博账号"小漾-Young"，主要用于湖南卫视的节目宣推。"小漾"以青春活力的外形、机智幽默的语言吸引了年轻人，以"虚拟人物"的形式与用户产生拟态社会互动，并通过互动交流与用户建立情感连接。③随着VR眼镜、头戴式显示器等具身数字产品的发展，AI+AR眼镜将使AI合成主播在特定的场景下为用户提供更多的服务与交互，即除了功能性的价值输出之外，AI合成主播本身也会成为连接用户情感的一个中枢；未来，在扩展现实（Extended Reality）的技术赋能下，AI合成主播所在的传播场景将成为一个可人机交互的虚拟环境，AI合成主播的具体形象将有更深远的体验意义：既可以投影到现实中，成为用户现实生活中的一位非玩家角色（NPC），也可以在某些特定场景中承担特定角色，实现互动操作系统和用户感官体验的重构，实现情感连接，发挥具有社交属性的功能。

（二）创造关系，联系场景与服务

具身认知研究的一个重要特点是引入了"动力系统"（Dynamic System）这一

---

① 邓建勋，吴郁.电视节目主持人"隐匿性"现象的思考[J]. 东南传播，2015(2): 143-144.
② Wilson M. Six Views of Embodied Cognition[J]. Psychonomic Bulletin & Review, 2002, 9(4): 625-63.
③ 吴生华，张怡，王亦可.城市广播AI合成主播应用现状、发展困境与突破策略[J]. 中国广播，2022(2): 67-71.

概念，这说明了认知并非是一种单独的、仅限于脑内的活动。①认知的发生具有涌现性的动力学机制，认知的过程是通过大脑、身体以及环境相互连接在一起，由耦合或交互的自组织涌现与生成。②据此，作为一种认知行为的传播，其本质上也是一种演化或者动力系统。因此，要理解AI合成主播的主持传播过程，就需要考虑其在与周围环境的即时互动下是如何活动的。作为动态系统的一部分，传播从来就不是一个简单的观念循环。在动力系统的运行过程中，传播的未来状态依赖于当前的状况，而影响传播的各要素都处于积极的交互状态当中。此外，在智能媒体的传播背景下，主持传播活动的相关主体的各种思维活动以及场景具有多维性和复杂性，这是以往的静态传播模式无法与之相比的。技术深度介入下的主持传播过程不具有单纯的因果关系，它是一个灵活的、开放的、动态的过程。

在上述背景之下，在平台化传播时代，主持传播必须遵循平台的传播与消费逻辑进行传播。对内容的兴趣和对关系的维护共同构成社交媒体平台用户参与内容消费、交互分享的驱动因素。由此可见，AI合成主播价值的获取也不再限于内容产品本身的传播，而应围绕内容产品所代表的意义空间与符号价值进行意义衍生。因此，AI合成主播可围绕其所代表的符号价值的核心理念，将价值实现的方式拓展到场景关系与场景服务的维度，挖掘知名主持人资源的价值，实现IP效应的放大。自从2018年新华社联合搜狗发布全球首个中文AI合成新闻主播"新小浩"以来，AI合成主播开发就不仅仅是生产一个人工智能产品，而是根据新闻主播自身IP优势，形成了一套完整且成熟的"AI合成主播两会报道整合营销传播策略"。虽然AI合成主播在"形"与"声"方面的探索已初见成效，但优秀的主持人都有其突出的风格与观点，那么打造著名主持人的AI"数字孪生"成了打造"虚拟有机体"形象IP的第一步，如主持人姚雪松的虚拟形象"姚小松"，主持人屈萌的虚拟形象"新小萌"，主持人康辉的虚拟形象"康晓辉"等。此外，在宣传过程中，发布海报、创意宣传片、预热稿件、技术解读稿件等举动，也为AI合成主播的官方推广做了铺垫。例如，在2021年的两会期间，新华社新媒体中心以财经评论员王冠为原型打造了仿真主播"AI王冠"，并基于央视频平台推出了全新AI节目《"冠"察两会》，结合党媒App形成传播合力。AI合成主播保持高产态势持续输出优质视频内容，加上许多围绕AI合成主播的相关解读和反响文章相继发布，进一步提升了其社会关注度。不仅如此，AI合成主播还拥有"分身术"，其模型的IP可以进行数字化分身，在手

---

① 龙宝新.具身学习视野下的教师学习形态变革[J]. 教师发展研究，2020, 4(1): 12-19.
② 张良.论具身认知理论的课程与教学意蕴[J]. 全球教育展望，2013, 42(4): 27-32+67.

机App、网页Web端、H5小程序、电视端等分别建立专属模型"程序",再适配到不同端口以满足应用的需求,为各平台的业务拓展带来了更多可能性。

(三)打造智慧环境,深度嵌入场景

具身认知把人的意识与认知看作是具身的,而身体又是嵌入(Embedded)环境的。[①]它强调身体在认知过程中的关键作用及认知身体与环境交互的重要性。[②]认知、身体和环境组成一个动态的统一体。人的认知是受身体、环境和活动三者共同影响而产生的,科技的迅速发展带来了主持传播环境的巨大变化,随着5G、大数据、云计算等技术的深入交叉发展,以及元宇宙等概念的推广,AI合成主播技术开始具备一种同时满足"实时互动"与"非实时互动"的场景特性,即在技术的支持下,一方面打破了虚拟演播室的相对封闭的空间,以触控、可穿戴设备等硬件技术为用户与场景的"实时互动"提供了良好的交互界面的可移动终端;另一方面,大量智能技术的引入使虚拟演播室扩展成了一个高互动的泛技术的智慧环境,[③]这使用户与场景的互动不再局限于特殊的媒介事件当中,而是转而嵌入日常生活的"非实时交互"的场景当中。例如,2022年北京冬奥会前夕,央视新闻联合百度智能云打造了首个AI手语主播,该技术集合了超写实3D数字人建模、机器翻译、多模态数字人生成、迁移学习、实时面部动作生成及驱动等多项技术,分别从实时场景和非实时场景两个方向落地:在实时新闻信息、公共广播信息等实时场景方面,考虑人机交互与多模态动作的结合,把手语放到人机交互的环境中,方便听障人士自主地与机器进行交流;而在文化娱乐和生活相关等非实时场景中,该技术和更多电视媒体合作,通过AI合成手语主播将视频和文字内容视频化,让更多节目都能通过手语的方式进行信息传递,帮助听障人群更好地融入社会生活的多元场景当中,AI合成主播技术作为一种场景知觉装置使社会生活的多元场景与群体智力主体以一种自然而然的方式进行交互、共享和构建。

基于上述认识,技术及其支持下的高互动的智能传播环境对于未来的主持传播而言已经不再是外在于用户的系统,相反,已内化为用户认知系统的一部分。AI合成主播本身成为嵌入用户生活当中的基本原料。而人工智能技术的泛在性、智能

---

① 周惠新.现代体育教学中的具身认知与改革[J].贵州体育科技,2015(3):31-33.
② 郑旭东,吴秀圆,王美倩.多媒体学习研究的未来:基础、挑战与趋势[J].现代远程教育研究,2013(6):17-23.
③ 叶新东,陈卫东,许亚锋.未来课堂研究的转变:社会性回归和人的回归[J].远程教育杂志,2012,30(3):17-22.

性和沉浸性，为用户提供了更为多样的经验方式，用户可以将自己置于一个更加融合和开放的场景，AI合成主播的应用场景也不再仅仅局限于演播室内。作为"虚拟有机体"，AI合成主播将加深人类与科技的具身结合。

五、认知发展与动力系统的更新：人机耦合

虽有少数AI合成主播采用了动画形象，但就整体而言，大部分虚拟主播都以高度拟人化的形象出现——满足受众喜好是主要的原因之一。拟人化能够提升使用者对于人工智能的熟悉度和信任感。反之，当受众无法感知新闻虚拟主播的技术新颖性、可信度、形象拟人化与能动性的时候，对其接受度将会大大降低。但在追逐与人类极度相似的道路上，AI合成主播可能会面临"恐怖谷效应"的威胁，这是1970年由日本机器人专家森政弘（Masahiro Mori）提出的假设，指当机器人与人类十分相似但又不完全相似时，它会引发一部分人反感厌恶的心理。如何把握好极致拟真与恐惧本能的平衡，是研究者下一步要解决的难题之一。①主持传播发展的两种逻辑一是技术逻辑，二是人文逻辑，人机耦合正是在上述两种逻辑中找到合适的平衡点。②耦合（Coupling）是指两个或两个以上的体系或两种运动形式之间通过各种交互作用而彼此影响，从而联合起来产生增力，协同完成特定任务的现象。③所谓的AI合成主播人机耦合，是指将人类操纵者与AI合成主播相互配合形成一个较为合理化的闭环反馈系统。④作为操纵者，新闻生产者需要根据实际需求输入指令，让技术系统根据内部算法和操纵者指令实现相应的运转工作。当工作中出现偏差或错误时，人类操纵者可以及时纠正错误或选择替代技术系统完成部分任务。在这个相对完整的闭环系统中，智能技术系统承担了较大部分的工作内容，而操纵者则根据工作状态操纵人工智能系统，辅助其完成工作。

（一）基于信任的协同耦合：人机混搭，密切配合

2020年，在全国两会上，主持传播的方式从往年的集中采访、主持转为云端采访、主持，采用一种全新的全息异地同屏技术，可以将不同地点的采访对象的全息

---

① 杜严勇.恐怖谷效应探析[J].云南社会科学，2020(3)：37-44+187.
② 高贵武，王彪.技术驱动与人文精神：新媒体时代主持传播发展的两种逻辑[J].中国主持传播研究，2020(1)：7-17+4.
③ 张新新，丁靖佳，韦青.元宇宙与出版（上）：元宇宙本体论与出版远景展望[J].科技与出版，2022(5)：47-59.
④ 余玉秀.AI+翻译：人工智能与语言行为人机耦合应用研究[J].传媒，2019(8)：94-96.

等身影像投射到包括记者身处的演播室在内的多元场景当中,使主持人与影像嘉宾实现同框隔空实时交流访谈,呈现出人景合一、人机混搭的"云访谈"。从微软"小冰"到"央小广",AI合成主播亮相的频率越来越高。目前,优秀的主持人的主持风格虽仍是AI合成主播的学习对象,但AI合成主播不仅可以做到信息精准、全面的传达,还有着强大的自我学习能力,例如央视频的AI合成主播可进行全天24小时不间断的机器学习。AI合成主播还具备梳理知识结构、形成知识图谱的能力。将来人机耦合会更多地被应用,AI合成主播将与真人主播一起,共建节目新生态,共同服务用户。人机进行混合编组,人机之间的地位也将呈现平等关系。此后,AI合成主播系统将具有较高的自主性,人机耦合程度将大大提升。人机之间通过更加顺畅、高效、实时的新闻生产协同建立彼此的信任关系。AI合成主播系统也要利用机器学习技术提高理解人的意图的能力,把黑箱(Black Box)模型尽量白盒(White Box)化,向新闻主播解释其具体行动决策背后的逻辑,以及模型内部运行机制,建立充分的信任关系。这一阶段,人机之间将成为能够并肩协同传播的"战友"。

(二)基于理解的意念耦合:具身融合,人机一体

AI合成主播看似是一个虚拟人物形象,实际上它是一个重要的信息枢纽。依托于虚拟演播系统设计的AI合成主播,可以利用语音合成、语音识别和语义理解、图像处理、机器翻译等多种智能技术。但AI合成主播总是有其局限性——无法完全构建人类的身体,尤其是人类大脑的功能。人脑能够非常灵活、有效地处理抽象信息,在没有海量数据的情况下也能够学习,而人工智能系统在没有足够数据时就会变得寸步难行。到目前为止,人工智能的类比迁移能力还比较脆弱,没有处理关联结构的自然方法,无法从本质上区分因果关系和相关性,这也促进了人机耦合的发展。人机耦合将人和机器组成一个团队,集成人类智能和人工智能,促进人机自主交互,协作共赢。想要实现AI全流程采编及播出的完整产业链,就更需要在AI合成主播开发过程当中的具身融合以及人机耦合。21世纪是"脑科学时代",脑机接口技术被公认为新一代人机交互和人机混合智能的关键核心技术,[1]这将是未来智能化传播中"意念控制"的基础技术,因此也成为人工智能传播的关键技术。[2]

"意念控制"技术的难点在于如何利用脑机接口"捕捉"和"转换"脑电波信

---

[1] 意念控制"距离战场很近[J]. 电子产品可靠性与环境试验, 2020, 38(1): 7.
[2] 孔丽文, 薛召军, 陈龙, 何峰, 綦宏志, 万柏坤, 明东. 基于虚拟现实环境的脑机接口技术研究进展[J]. 电子测量与仪器学报, 2015, 29(3): 317-327.

号,从而在大脑和电脑间形成一条可以进行沟通与操纵的通路。由于脑机接口技术的快速发展,现在的人类已经可以捕获到脑部复杂的神经信息,并且可以用来直接操控外界装置,[①]使智能化传播体系的有机性大大提升。"意念控制"能够帮助新闻主播更为灵活方便地操纵平台。人机之间能够进行相互理解的意念耦合,人机耦合程度进入高级阶段。脑机融合、人机一体是这一阶段智能化传播体系的主要特征。AI合成主播通过机器学习具备了人的复杂情况处理能力,能够自主规划、设计和配合新闻生产者完成传播任务,进而让人机之间拥有能够彼此心领神会的亲密无间的合作关系。

结 语

在人工智能时代,以及媒介不断进化、超乎想象的未来,想要打破技术的迷思,解决未来社会人工智能与人类的共存关系,就应该了解这不应是一个非此即彼的过程,而应是一个亦此亦彼的"人机耦合"的过程。新闻生产者应及时了解AI合成主播的发展趋向与特征,利用其自身的优势,将主持传播的情感之美、语言之美发挥到极致,给予用户全面的资讯解读与互动体验,从而顺应人工智能潮流的发展趋势,体现自身的传播优势。

[①] 姜浩峰.未来战士:做一个纯粹的机器人[J]. 新民周刊, 2015(22): 40-43.

会议综述

媒介技术大变革下的担当、创新与传承
——第六届中国主持传播论坛（2022）会议综述

◎ 成越洋　刘汶萱*

2022年11月26日，由陕西师范大学新闻与传播学院、中国人民大学新闻学院联合主办，陕西师范大学播音与主持艺术系、中国人民大学视听传播研究中心共同承办的第六届中国主持传播论坛，以线上线下相结合的方式成功举办。在"移动化、社交化、智能化"成为媒体发展趋势的背景下，虚拟偶像、数字人及AI合成主播等新技术逐渐渗透到传播领域多个方面，主持传播研究也处于传承与创新、理论与实践的融合节点。本届论坛以"回望·传承——大变革中的主持传播"为主题，由一个主论坛、六个分论坛以及聚焦前沿技术应用的2022首届"新声"大会构成。陕西师范大学党委常委、副校长党怀兴教授，中国人民大学党委副书记、副校长胡百精教授，陕西师范大学新闻与传播学院院长许加彪教授，中国人民大学新闻学院执行院长周勇教授发表了开幕式致辞，陕西师范大学新闻与传播学院党委书记张小东主持了开幕式。针对党的二十大报告中提出的"加强全媒体传播体系建设，塑造主流舆论新格局"，为应对传媒技术变革的新格局，与会领导和专家学者从不同维度对主持传播领域的学科前沿和学术焦点进行了深度研讨。来自全国近80所高校的150多位专家学者和研究生、20多家媒体的工作者在线上参与论坛。陕西师范大学新闻与传播学院视频号直播了本次论坛，线上观看量达9,446人次，点赞量达30,000次。

一、技术变革与研究动向

胡百精副校长在致辞中谈道："在构建全媒体传播体系的过程中，无论从学术上看，还是从实践上看，主持传播都不是一个小话题，这一领域激荡着正处巨变之

---

* 成越洋，陕西师范大学副教授、播音与主持艺术系主任、硕士研究生导师；刘汶萱，陕西师范大学新闻与传播学院2022级硕士研究生。

中的信息传播技术浪潮，引领着新时代话语建构的主题、形态、方式和风格，也在一定程度上表征着新的文化和文明境况。"本届论坛中的专家学者们的议题选择和思考纵深与胡百精副校长的致辞相呼应，呈现出转换视野、重构概念、聚焦多元议题等研究动向。

（一）技术变革下的学理省思

周勇院长从基本概念解读和视角转换两方面对本届论坛的大会主题进行了深入的学理阐释。他将主持传播领域面临的"大变革"的意涵解读为："首先，作为一种专业的应用场景的大的变化，职业新闻活动的边界被打破，呈现为边界消融的社会化的新闻活动；其次，这种变动来自技术，元宇宙正在重新建构我们社会生活的样态"，并进一步提出研究者应当有的视野转变，即"过去我们主要面向职业新闻工作，目光是向内的，主要考虑职业领域里的社会评价，由此来建立我们的职业规范和职业准则。但是，当今的职业新闻活动变成了社会化新闻活动以后，整个社会的评价在主持传播领域里面已经有了很大的反响，这种评价的转变需要我们目光向外，面向社会，去建构我们和社会大系统的关系"。

作为传播的主体，人在传播过程中是最具有能动性的因素。主持传播的主体性研究一直是学者们关注的重点，网络技术背景下的传播应用场景发生了重大变革，学者们从不同理论视角，深入思考多元主体建构、符号重构、价值重塑等问题。北京体育大学讲师李晶与硕士研究生李欣怡以《技术迭代、空间生产与身体拓展：主持传播的多元主体建构》为题，从空间视角探讨主持传播的多元主体建构问题，认为在技术、空间、身体三重互动中，产生了传统职业型主体、草根型主体和人工智能主体三种形态，且这三者并不是孤立存在的，而是相互联系、深入互动、优势互补的关系，进而促进主持传播实践的发展。浙江传媒学院讲师詹晨林以《从"国脸"到"男神"：融合时代〈新闻联播〉播音员的符号意义重构》为题，探讨作为国家意志的人格化符号的《新闻联播》播音员符号的意义重构问题。她认为，伴随媒介融合的改革，"国脸"的符号元素内涵发生了改变，符号与意义指涉之间原有的限定关系被打破了，从单一的政治意义转变为以政治意义为核心，以行业权威、时代偶像为重要补充的"一体两翼"的立体符号系统。这实质上是国家媒体面对舆论场上话语权流动带来的秩序变化所采取的生产策略调整。四川外国语大学王媛副教授基于可见性理论视角研究主持传播的价值重塑问题，该研究揭示了新传播语境下主持人可见性实践的内在逻辑，并探讨了以身份可见性激发主持传播的人文价值、以职能可见性彰显主持传播的专业价值和以关系可见性赋能主持传播的社交价值的可行路径。吉林艺术学院讲师王志扬、韩国清州大学博士生于佳卉、陕西师范大学硕士生张梦琦将中国知网1999—2021年间以"主持传播"为主题的文献作为数据来源，使用Cite Space软件对357篇主持传播研究文献进行分析，梳理形成了可视化研究图谱，全景扫描了我国主持传播研究领域22年间的学术发展动态，并根据主持传播研究现状，从研究完整性、前瞻性和社会性角度对未来我国主持传播研究趋势进行了合理展望。

（二）技术变革下的多元议题

AI合成主播作为一个新兴事物，其应用范围的扩展、使用频率的提高是必然的趋势，在网络电视、交互电视时代具有明显的优势。伴随着硬件技术与传播理念的不断演进，AI合成主播在分类、潜在优势挖掘、跨媒体使用等方面将会大有长进。北京邮电大学数字媒体与设计艺术学院副院长侯文军教授在主题发言中分析了元宇宙中人与人（数字虚拟人）的交互关系、交互特征，介绍了交互设计视角下的虚拟人设计，以及表情驱动、语音合成和唇形合成的关键实现环节的技术原理，并演示了东坡数字人实践案例。中国人民大学高贵武教授和其研究生团队近几年来一直致力于思考人文与技术的关系。高贵武教授做了《进化中的异化：AI合成主播的言说之困》主题发言，以异化理论为思考基点，以近年来发展迅速的AI合成主播为主要研究对象，通过采取深度访谈的研究方法，考察其在应用场景和接受效果方面的实际效应。他探讨了AI合成主播在技术进化当中可能存在的真正传播意义上的局限，提出了三个值得深入思考的问题：主体性缺失形成信息生产中的主体困境；虚假性交往形成人机互动中的交流困境；简单化场景带来口语"灵韵"的消逝。中国人民大学博士生丁慕涵提出确立人工智能系统的有效性关键取决于它们对人类的可用性和可接受性。这昭示出人机之间依旧存在不可逾越的社交红线，只有把控好伦理边界，才能让虚拟主体为人所用，真正实现人机融生。北京城市学院讲师刘萌雪对虚拟主播的具身性传播展开论述，从身体交互中的范式研究、身份认同、人机协同发展的角度出发，从当下虚拟主播面临的局限性问题和发展新路径两个方向进行剖析，以AI合成主播现象和真人主持人作为研究对象，认为人工智能时代协调主持人身体"在场"与"离场"的关系十分重要，只有充分发挥身体作为"传播平台"的作用，提升主持人综合素养和能力水平，才能使其更适应"人机互嵌"趋势下的发展需要。陕西师范大学副教授成越洋、硕士生张泽宇从声音景观理论出发，探讨AI合成语音在不同场景中如何建构声音景观，分析AI语音的声音景观对受众及文化的影响。北京师范大学博士生刘娜采用控制实验法，让AI合成主播与真人主播对相同内容的新闻文稿分别进行录制，基于传者身份与社会化线索的双重视角，对比被试者观看二者播报视频后的记忆效果。她发现传者身份与社会化线索对被试者的新闻记忆效果均有显著影响，其中，AI合成主播身份带来的记忆效果弱于真人主播，设置社会化线索的主播带来的记忆效果优于未设置社会化线索的主播。成都市广播电视台主持人张超从业界和学界的综合角度进行了阐述，从主持人的"主体性""适应性"特点、虚拟主持人的"功能性""必然性"方面进行考量，从AI合成主播的应用领域和范畴进行思考，探求主持人发展的新路径以及AI合成主播的发展方向。

与本届论坛并行的产业活动——2022首届"新声"大会当天晚上在线上举办，该活动以数字虚拟人为话题中心，由中国网络视听节目服务协会指导，中国网络视听节目服务协会网络音频工作委员会和中国人民大学新闻学院主办，陕西师范大学新闻与传播学院与北京冠声文化传播有限公司承办，由专注于元宇宙系统方案解决的VS·work提供技术支持，让数字虚拟人参与了大会主持。活动邀请了高校专家学者和企业代表，就未来数字虚拟人如何在传媒领域进行持续赋能进行了深入探讨，为从业者提供了先锋视角，分享了实战经验，促进了学界和业界联动。

习近平总书记在中国文学艺术界联合会第十一次全国代表大会、中国作家协会第十次全国代表大会开幕式上指出，"希望广大文艺工作者不忘初心、牢记使命，不负时代、不负人民，为全面建设社会主义现代化国家、实现中华民族伟大复兴的中国梦作出新的更大贡献"。专家学者们在发言中阐述了融媒体时代下有声语言创作的文化传承使命。河南大学新闻与传播学院副教授胡芃原认为，传承优秀传统文化是融媒体时代有声语言创作的"根"与"魂"；广西大学讲师宋存杰认为，有声语言创作者应当在融媒体时代以革固与鼎新的姿态，观照有声语言创作中正确的文化价值导向。

方兴未艾的短视频和直播带货轮番出现热点案例，这让不少学者开展了相关实证研究。辽宁师范大学李伯冉副教授和助教毕嘉豪从社会表演行为出发，认为数字技术的发展促使人格化与纪实性特征明显的视频日志日渐成为大众在社交媒体平台塑造自我形象、实现印象管理的重要媒介载体，并从"表演崩溃"现象出发，结合媒介情境特性，提出视频博主需要以"自洽"为原则，从角色与形象、旨趣与标签、框架与符号三个方面构建相应的防卫性策略。辽宁大学副教授王姝、泰国皇家理工大学教授周庆祥通过实证研究，采用量化统计方法，以依恋理论为基础，以网红的个人特质和信息特色架构出直播带货的理论研究模型，探讨网红主播影响力对消费者行为的影响。河北大学教授李亚虹、本科生周子涵聚焦于"东方甄选"直播间的知识型主播带货现象，针对带货主播博人眼球致使用户疲乏等同质化问题，提出"知识+带货"的多模态传播结构。南昌大学博士生乔羽从情感社会学视角出发，认为情感表达常被视为一种社会行为，与社会发展、结构、思想存在密切关系。在具体的实践场域内，主播凭借自身的文化资本，随着技术的迭代演化，其情感表达将转向"人工移情"，以"人机共情"的模式建构出情感表达的新指向，从而最大限度地触发主播在情感表达空间中的多种可能性。

在体育强国建设背景下，新兴媒介技术的变革有力推动了赛事传播的内容运营及解说模式创新，也推动了大量的体育传播议题研究。文学性体育解说广为体育迷们接受和喜爱。北京体育大学讲师宋扬、硕士生廖丹丹以文学性体育解说风格的嬗变作为研究切入点，将其分成以张之老师、宋世雄老师两位第一代解说员为代表的源流阶段、以《NBA十佳球》《天下足球》和贺炜老师为代表的继承阶段以及以具备互联网属性的解说员苗霖、陈滢为代表的创新阶段，并分别对这三个阶段进行文学性解说的风格分析。深圳大学副教授叶昌前、华东师范大学博士生温凯全面思考关于体育解说的当下论题。首先，从人文品位、情绪传播及人才培养等方面阐述了体育解说的当下困境。其次，以"新闻文化"价值为根本，从新闻性、人文关怀性和美学艺术性等角度，探讨了如何建构新型体育解说的语言模式；从本身出发，探究了体育解说员的个人塑造。最后，以实际情况为切入点，分析了体育解说为何离"事实近"，离"传播远"的问题。北京体育大学教授薛文婷、博士生胡华、硕士生康乔基于主体间性视角对北京冬奥会期间的王濛解说"出圈"现象进行分析，发现新媒体体育解说涉及解说员/解说嘉宾、观众/用户和运动员/运动队等多主体的话语交互；涉及专业性、娱乐性、情感性、修辞性等多向度的话语共鸣；涉及直播媒体、社交平台等多场域的话语流动。在媒体深度融合背景下，赛事直播媒体既要重视媒介技术的开发应用，也要树立主体间性意识，创新体育解说模式并注重深度运营和平台联动，更好地推动媒介产业发展和体育强国建设。首都体育学院副教授陈岐岳以传统媒体央视体育和新兴媒体咪咕体育为例，分析两者在赛事解说中的特点、优势与不足，探讨冬奥赛事直播的流量之争并提出相关思考。他认为，北京冬奥会中的媒体流量之争，看似是体育解说的较量，但归根结底体育解说的文本和形式还是属于内容范畴的较量，因此如何利用现有条件把内容做好,仍旧是媒体需要总结和深思的。

二、学科深耕与跨学科激荡

面对技术变革带来的媒介生态新格局,学界的理论纵深开拓和跨学科合力攻关已蔚然成风。本届论坛,既有播音主持领域的资深学者和业界专家守正创新的研究,又有哲学、历史学等领域专家的跨学科视角启迪和青年学子们的理论运用研究成果,为与会者打开了新思路。

(一)守正创新下的学科深耕

"守正创新"是播音主持领域资深研究者们多次强调的关键词。"守正"表现在学者们在思考中坚守中国播音学学科以新闻性为根本的"多质主调"的学科定位、坚持主流价值观和正确的舆论导向、坚守人民广播的优秀播音传统、坚持在躬身实践中总结新规律等方面;同时,实践性强的学科也需要通过研究理念、研究方法和理论视角的"创新"来深入总结变局中的规律。

中国传媒大学播音主持艺术学院党委书记李洪岩教授在"谋定而后动"的思路下,对语言传播进行理念分析。他从四个方面、八个"定"进行汇报:第一,定性、定调。播音与主持艺术专业具有传播性、新闻性,因而每一位学习播音与主持艺术专业的学子都应该肩负起记录当下、书写历史的传播使命以及时刻牢记党性、人民性的新闻性的本质要求。第二,自媒体时代的语言传播者需要进行定位与定向。全媒体是诉诸视、听、感受、互动等为一体的融合媒介,这也塑造了一种所有人对所有人进行传播的格局,而在这样的媒体格局中要坚守正向与主流价值观。第三,在变革中需要特别重视把握定律与定局。寻找语言规律、传播规律、历史规律、文化规律,塑造出主流舆论新格局。第四,定心、定力。回望与传承需要守正创新,优秀的播音员主持人在塑造作品时始终要以人为核心。风格即人、作品即人,这也与二十大报告中的"人才为本"相呼应。

中国传媒大学教授曹培鑫、博士生宋启明、宋军彦以媒介仪式理论观照人民广播国家典礼的直播活动,系统考察了从开国大典至今人民广播对重大国家典礼进行系列实况转播活动的历史,并探讨了其所创立的传播典范及其建构的传播规范。他们指出,人民广播的国庆直播活动在社会环境的动态变化与自身发展历程中形成了一脉相承又不断演化的历史轨迹,与时俱进的人民广播实践不仅丰富了媒介仪式的本土理论面向，更拥有在多元社会中建构人民群众的集体记忆、巩固国家与社会认同的多元价值。抗日战争时期，我国人民广播建立并开播，带有中国人民广播特色的播音员也进入了大众视野。河北大学博士生杨润东、硕士研究生邢子豪从广播新闻史论的角度出发，通过对抗日战争时期中国人民广播相关政策文件进行梳理汇总，介绍了我党是如何建设一支极具战斗性、党性并具有极强的业务素质的人民广播播音员队伍的。中国传媒大学博士生胡子豪认为，中国演播艺术历经75年的发展，现如今正处于创作与发展的转型期，他从影响演播艺术叙事方式的三个因素、叙事时间、叙事情境等方面对我国演播艺术的叙事演进展开研究。

传统媒体人在保持主流价值观和精品意识下进行新媒体节目创新实践并及时总结规律。中央广播电视总台著名节目主持人任志宏老师结合自己在喜马拉雅FM等新媒体平台的声音专辑创作实践谈道，融媒体中自媒体的出现使主持人的角色身份发生了转变，传统媒体主持人在节目中只有参与权，没有终审权，是在规定动作中参与表达，其身份是"大我"；而在新媒体实践中，主持人应当在自选动作中传承规定动作，并把握正确舆论导向，从而兼具"App平台台长兼主持人"的内容把关角色，在"短、平、快"的自媒体中发挥这个"小我"的正能量。在推进融媒体工作，加强融媒传播的大背景下，面对竞争激烈的媒介格局，传统媒体如何在继承传统、弘扬主流价值观基础上以精品节目生产撬动市场、赢得受众、获取认知度，对新时代的广播电视从业者提出新考验。陕西广电融媒体集团（陕西广播电视台）新闻中心新闻广播总监付银安介绍了陕西新闻广播传承西北新华广播电台的红色基因，在面对改革大潮时，以大文化、大公益、大平台为办台理念，充分发掘传统媒体优势，积极推进精品节目生产的典型案例，为传统媒体守正创新、赢得受众带来有益借鉴与思考。

（二）跨学科的理论激荡

在主题发言环节，中国传媒大学艺术研究院副院长徐辉教授从哲学视角和美学视角审视主持传播领域的基本要素"媒介""传播"和"美"的关系。他认为，从根本上看，媒介和传播两个方面都和美有着直接的关系，立足于中国的庄子哲学，万象皆媒是一个顺理成章的观点。在此基础上，追问传播的内涵，则会看到：传播"大道"的消息，是万象皆媒的一个内在含义。现代媒介能在更广阔的领域里迅即传播，是因为它自身具有新的因素以及强悍的传播力量，这对于受众而言是一种感召人的力量、强大的吸引力，这种力量与吸引力便是美学意义上的美，即庄子所说的"天地有大美而不言"。而现代媒介的建构,关键在于营造美的氛围。中国人民大学史学理论研究所副所长姜萌教授做了《历史学视野下的传播问题与传播学》的主题发言,他首先分析了传播实践与历史学的紧密关联,进而展望了历史学与传播学学科交叉的未来,提出在历史学视野下深耕传播学领域,可以更加清晰地洞察与发现传播学相关的历史遗留及当下的传播问题,以及可能在此基础上衍生出更多深层次的融合理论。

分论坛中的青年教师和博士生们利用跨学科理论视角及研究方法深度分析了主持传播相关领域的热点现象和事件,做了颇有见地的观点阐述。中国传媒大学博士生温莫寒以知识社会学的视野和方法论,考察分析了播音与主持艺术专业的学生跨专业读研的现象,通过深度访谈发现,播音与主持艺术专业的学生在社会认同、自我认同的参照下,其专业认同经历了一个从出走到回归的过程,透视出了我国播音与主持艺术专业作为社会的子系统,在与社会的互动过程中,又经历了一个从价值迷乱到价值回归的过程。北京外国语大学博士生胡康基于肯尼斯·伯克的新修辞学"同一"理论,以国家领导人习近平的政治修辞实践为例,通过话语分析法、词频分析法分析其在庆祝中国共产主义青年团成立100周年大会上的讲话,探究习近平同志在口语政治修辞方面所使用的"同一"技巧,以期为我国政府人员的政治修辞能力提升的研究做出"抛砖引玉"的贡献。华中科技大学新闻与信息传播学院博士生徐阳运用法兰克福学派学者霍耐特的"承认"理论,以非雇佣关系的青年网络主播为研究对象,通过访谈法与参与式观察法,考察其劳动的控制与解放机制。研究发现,机制体现为法权维度的利益追逐与名誉想象,情感维度的自我生产与情感动员,价值维度的价值形成与剩余价值以及政治维度的反收编与抗争。在"承认"理论的解释之外,他将平台劳动控制与主播劳动解放循环博弈的逻辑概括为"希望劳动",提出了如何矫正技术与资本的液态逻辑,以及如何兼顾数字劳动者的人文关照与平台经济的持续发展等问题。四川大学博士生张世轩从符号学理论视角出发,对以声音符号为主要传播手段的有声语言艺术进行了研究,指出有声语言符号具有情感体认、空间唤询、音声形塑的功能,在众声喧哗的大众化社会空间中,更需要真正体现审美意蕴的有声语言作品不断推动全社会语言文化素养的提升。

三、使命担当与传承发展

党的二十大报告中提出要"加强全媒体传播体系建设,塑造主流舆论新格局"。全媒体传播体系建设的提出，是对新闻舆论工作发展方向的最新指引，是基于传播技术更迭、传播结构变革、传播组织变迁等时代趋势下对媒体融合发展实践的全方位布局。作为培养媒体后备人才的高校来说，不断优化人才培养理念和手段、加强学术交流是高校传媒类专业建设的使命担当。面对新的变革和未来的使命，学者们回望历史，重温人民广播的发展历程，探索当时的广播媒体宣传规律的宝贵经验，充分体现出对实事求是、开拓创新的延安精神的发扬和传承。

（一）使命担当与传媒人才培养

与会的多所高校的教学管理者和教师们努力探索与区域资源、高校特色结合的专业人才培养路径，分享了各自的宝贵经验。陕西师范大学新闻与传播学院院长许加彪教授介绍了其学院充分运用西北地区的历史文化、红色文化资源和学校人文社科优势，形成了文理艺相结合、学术型和实践型相结合的专业布局和人才培养特色。播音与主持艺术专业学科带头人朱晓彧教授介绍了播音与主持艺术专业健全全媒体实践育人体系的运作机制；提出该单位利用国家级人才培养模式创新实验区——具有西部特色的播音与主持艺术跨学科复合型人才培养模式创新实验区，开展服务西北地区的语言教学和科研攻关的相关举措。内蒙古大学讲师赵竞学梳理了内蒙古地区七所开设播音与主持艺术专业高校的人才培养方案，总结该地区播音与主持艺术教育的发展状况和问题，为如何科学、规范地提高内蒙古自治区播音主持艺术教育发展水平，打造高等教育与专业人才输出的良性循环提出建议。泰山学院讲师张消夏分享了该校创设"沉浸式"实践教学环境、开展"翻转课堂"的教学实践，实现泰山特色文化与"思政教育"相互融通、锤炼学生"四力"，助力地方特色文化走出去，全力构建"全方位、多主体、多场域、多要求、多任务"紧密交织、相互影响的"地方特色文化"实践教学新模式。

在新文科背景下，高校教学研究者们全面审视播音主持艺术专业，认为其培养目标、手段、方式、理念等要素都将发生深刻变革，要不断进行创新探索。重庆大学美视电影学院副院长、教育部高校戏剧与影视学类专业教学指导委员会委员马欣教授分享了重庆大学播音与主持艺术专业的学科建设思路。第一，以史为鉴，坚持正确的学术创作道路，打造学科内部的学术共同体。第二，将艺术实践和社会价值融为一体，以融创新、促新，坚守自信的文化创新，打造艺术教育的特色路径。第三，坚定清晰的培养人才方向及服务国家战略，满足社会需求，打造高质量人才。成都理工大学讲师赵广远以生态环境报道为整体特色，从环境新闻报道这一专业性新闻人才培养方向出发，探索人才培养过程中的困境，并进一步探索符合"新文科"时代发展需求的人才培养范式，从技术赋能所带来的虚拟教学空间的扩展到学科交叉对课堂内容专业化的补充两个层次分析，进一步优化环境新闻报道人才的培养路径。思政教育和专业教育的融合发展问题已成为高等教育优质提升的重要研究命题。山东青年政治学院教授王杨以山东青年政治学院播音与主持艺术专业的人才培养为案例，从思政引领专业、专业融入思政的角度分析了国家级双品牌建设驱动下构建"思政+专业"耦合育人培养模式的思路和方法。陕西师范大学讲师余海龙结合"演讲与口才"课程的教学实践，从重视学习者感受为出发点，从重构师生教与学理念、建立陪伴型师生关系、树立"试错"学习观念、及时更新教学内容四个方面，分享了一流课程建设中的创新实践。

（二）回望历史与传承发展

党怀兴副校长在致辞结尾说："延安新华广播是中国人民广播的起点，期待大家在新华广播电台的故地，回望历史，传承延安精神，深入总结延安精神形塑的人民广播优良传统；同时，在媒介融合的新环境下，坚持正确的政治方向，探寻创新技术手段树立好新闻传播工作的理念。"在新中国人民广播的诞生地，在延安精神背景下，论坛的两个主题词"回望""传承"更具感召力。回望延安时期，广播是当时的新媒体，延安新华广播电台的前辈发扬实事求是、开拓创新的延安精神，在实践中探索、积累了广播播音的经验，汇聚为中国播音学的理论基础，形成播音主持研究者关照实践的研究传统。李洪岩教授对语言传播实践的理念分析、任志宏老师在新媒体实践中自觉把握正确舆论导向就是充分的体现。中国人民大学高贵武教授在21世纪初提出的"主持传播"概念，也是基于对人际传播和大众传播交融的主持人传播兴起的业界现象的长期观察，并进行学理阐释，进而逐步搭建成中国主持传播论坛的学术平台，并且不断关注媒介生态的变化，提出新的议题，促进更广泛的学术交流。

2017年，中国主持传播论坛由中国人民大学视听传播研究中心发起组建，致力于关注播音主持实践和理论前沿动态，实现学界与业界的良性互动，推进播音与主持艺术专业以及相关学科的专业教育与学科发展。由中国人民大学联合广西艺术学院、浙江传媒学院、暨南大学、华东师范大学、河北大学已成功举办五届，目前已经成为播音与主持研究领域有重要影响力的全国性学术交流平台，引领播音主持领域对"技术与人文""传承与发展""融合与创新"等重要议题的讨论。论坛汇聚了二十多所高校的专家学者组成学术委员会，专家参与学科的前沿议题讨论，进行论坛学术点评，发挥了传承优良学术作风的作用，为青年教师和硕博研究生的成长创造了良好的学术交流平台。尤其是论坛设置了专门针对硕士研究生的新声论坛和优秀研究生论文评选环节，为学术后备力量的成长提供了良好的机会。在本届论坛中，来自渤海大学、华东师范大学等院校的十位研究生获得优秀研究生论文奖。

播音主持研究领域的几代学者关照现实的努力探索，以及中国主持传播论坛紧密关注媒介生态变化，积极引进跨学科理论，建立学科话语体系的尝试，都是对延安精神的积极传承。本届论坛虽然以线上形式为主，但是老、中、青三代学者就热点议题进行了热烈讨论，激荡了学理思维，厚植了学术思想，本届论坛播下的思想启迪的种子，必定会在未来的学术发展中开花结果。

图书在版编目(CIP)数据

中国主持传播研究. 2023 / 成越洋主编. -- 北京：中国传媒大学出版社，2023.10
ISBN 978-7-5657-3470-0

Ⅰ. ①中… Ⅱ. ①成… Ⅲ. ①主持人—传播学—中国—2023—丛刊 Ⅳ. ①G222.2-55

中国国家版本馆 CIP 数据核字(2023)第 174559 号

中国主持传播研究(2023)
ZHONGGUO ZHUCHI CHUANBO YANJIU(2023)

总 主 编	高贵武
主　　编	成越洋
执行主编	卜晨光　薛　翔
责任编辑	黄松毅
特约编辑	李　婷
责任印制	阳金洲
封面设计	宇宙尺度
出版发行	中国传媒大学出版社
社　　址	北京市朝阳区定福庄东街 1 号　　邮　编　100024
电　　话	86-10-65450528　65450532　　传　真　65779405
网　　址	http://cucp.cuc.edu.cn
经　　销	全国新华书店
印　　刷	唐山玺诚印刷有限公司
开　　本	787mm×1092mm　1/16
印　　张	11.75
字　　数	204 千字
版　　次	2023 年 10 月第 1 版
印　　次	2023 年 10 月第 1 次印刷
书　　号	ISBN 978-7-5657-3470-0/G·3770　　定　价　59.00 元

本社法律顾问：北京嘉润律师事务所　郭建平